U0129338

又見蝴蝶飛舞時

一個中途失明者的故事

貳　人　著

文　學　叢　刊

文史哲出版社印行

國家圖書館出版品預行編目資料

又見蝴蝶飛舞時：一個中途失明者的故事 /
貳人著.-- 初版 -- 臺北市：文史哲出版社
111.01
　　頁；　公分 --（文學叢刊；453）
ISBN 978-986-314-587-5（平裝）

863.55　　　　　　　　　　111000242

文 學 叢 刊　453

又見蝴蝶飛舞時
一 個 中 途 失 明 者 的 故 事

著　　者：貳　　　　　　　　　　人
出 版 者：文　史　哲　出　版　社
　　　　　http://www.lapen.com.tw
　　　　　e-mail：lapen@ms74.hinet.net
登記證字號：行政院新聞局版臺業字五三三七號
發 行 人：彭　　　　正　　　　雄
發 行 所：文　史　哲　出　版　社
印 刷 者：文　史　哲　出　版　社
臺北市羅斯福路一段七十二巷四號
郵政劃撥帳號：一六一八○一七五
電話 886-2-23511028・傳真 886-2-23965656

定價新臺幣二二○元

二○二二年（民一一一）元月初版

著財權所有・侵權者必究
ISBN 978-986-314-587-5　　10453

饒　序

饒淑貞老師（旗美高中）

　　結識惠美四十年。她的巧手蕙心一直為眾人稱羨，而更讓我佩服不已的，是在她那柔弱的外表下，有一股比任何人都還強大、堅定的意志力。

　　添貴是我以兄長相稱的大學同窗，惠美成為添貴人生伴侶時，身邊好友無不為這對不畏艱難的夫妻，寄予最大的祝福。

　　在添貴、惠美決定攜手同心，開創未來時，老天爺卻給了一個殘酷的「禮物」，罹患風濕性紅斑性狼瘡的惠美，因併發症，失去了視力。當時已遠嫁高雄的我，能做的只是祈求上蒼，求老天多一些悲憫，給惠美她該有的幸福吧！

　　但惠美以她堅定的意志力證明：幸福從來不是老天給的，是自己努力創造出來的。

　　幾次，在問候近況的電話中，惠美只是雲淡風輕地談病後的生活變化，之後，用一如往常的自信驕傲

語調告訴我，她又如何運用巧思，化解了一個個的困難。

待我去造訪水里，身處在溫馨舒適的居家環境、整潔有序的生活空間、以及生意盎然的頂樓菜圃時，才真正看到惠美這視力幾近於零的巧婦，如何發揮她強大的意志力，積極地突破現實的侷限，為自己和摯愛的家人打造出一個幸福的天地。

「又見蝴蝶飛舞時」，是惠美又一次在困頓中創造幸福的例證。

當 COVID-19 橫掃世界，絕大多數的人因此陷入不安的氛圍時，惠美已斷然甩開負面情緒，以整理她過去參賽及曾發表過的文稿，集結成冊，讓幸福的彩蝶再次翩然起舞。

蒙添貴不棄，囑我為此事寫一段文字，我也不揣簡陋一口答應，因為這是多難得的機會，可以表達我對惠美的敬佩，並讓更多關心添貴、惠美的友人知道，「貳人同心，其利斷金」在他們夫妻身上不但徹徹底底地實踐了，更因為這可以斷金的相扶相持，他們早已將崎嶇不平的人生路，走成處處有蝶飛花開的幸福道了。

自 序

　　我之所以起心動念，想要出版這本散文集，應該說，是拜這兩年來 COVID-19 的疫情所賜。

　　這怎麼說？又從何說起呢？且聽我道來：

　　由於，我是個身心障礙者。十幾歲時，因遭遇車禍而左腿截肢，三十二歲時，又罹患 SLE 疾病，復因其併發症，導致視網膜病變、視神經受損而中途失明。

　　中途失明後，由於種種的因素，我並未學習點字；也因為截肢的關係，我無法接受定向行動訓練。曾自嘲是個沒有一丁點謀生技能的人。

　　而一個多重且極重度的身心障礙者如我，除了自己熟悉的「家」以外，對於任何陌生的環境，可說是完全無法生活與適應於其中的。

　　因此，COVID-19 那看不見、摸不著、有著強大傳播及感染力的超級病毒，我是既害怕碰觸到它，也擔心遭受池魚之殃，所以不僅採取了慎之又慎、恐之

又恐的警戒態度，也如臨大敵般的小心面對那必須與外界的連結。

為此，我改變了門診就醫的方式，也將外出活動降至最低。親友間，但凡能以電話處理、溝通的事，就盡量避免見面，只希望透過減少與外界接觸的做法，能安然渡過這次的危機。

不想，國內的疫情，不但未見消停，反因病毒的不斷變種及入侵，造成了社區的防疫破口與感染，許多人因之而失去了寶貴的生命。

這種幾近失控的現象，在在衝擊著我內心的擔憂。可以說，「擔心害怕」成了我最近心情上的寫照，擔心確診而受到匡列，害怕被強制送去陌生的集中檢疫隔離處所。如果這樣，那我該怎麼辦？

我變得鎮日裏惶恐不安。

尤有甚者，疫情指揮中心每天下午兩點的記者會，對於僅能聽到聲音的我來說，真是一種「想知又怕知」的煎熬，「想知」其情，期能有所因應，卻也「怕知」其情，因無能為力，不知如何是好！每天的心情良窳，牽繫於是否新頒什麼限制規定了？是否確診人數又居高不下了？是否防疫措施又升級了？是否警戒

期限又延長了？是否死亡人數又增加了？而各家媒體對於確診者的資訊報導，更令我驚恐不已。

我心想：如果自己真面臨了那種形同被關起來的恐怖情境，該怎麼辦？

不諱言的，我因為 COVID-19 的疫情，身心受到極大的衝擊，生活也失去了重心。

我知道我不能這樣，因為這會影響到我最摯愛的家人，我也知道必須重新引領自己，突破現在的心情瓶頸，有所作為，振作起來，快點找到正常生活的方向。

想起過往曾經的苦厄與種種的面對，都能挺過來了，我告訴自己，不要輕易被打倒，一定要堅強，與其消極，何不勇敢面對，相信一如過去，總會在面對生命的轉彎處，找到可以往下走的方向、目標、與動力的。

於是，我告訴外子，請他幫我做一件事情。我想將我在早期視力尚有一些些的時候，所參賽及投稿的文章，集結成冊。

這件事也算是我的心願──我希望今生今世，能夠給我的女兒，留下一點回憶。

　　除此之外，我更拜託他，繼續協助我以「貳人隨筆」的方式寫下去，寫出第二本、第三本……。但是，我告訴他，現在我已無能力用筆寫了，我想用錄音口述的方式進行。

　　外子見我似乎又重新找到生活動力了，握著我的手，說：

　　「先將當年的作品，集結成冊出版，確實是一個很好的想法。期待能夠立竿見影的及時解決妳眼前焦慮的處境。至於妳想繼續寫這件事，就像當年我想自己 DIY 木工裝潢我們的家一樣，妳也並沒有潑我冷水啊！所以我當然是支持妳的了。

　　只是，要純以錄音口述的方法完成新的稿子，恐怕會比當年更耗費時日喔！

　　還好，現在我退休了，有時間了，我們就來試試看吧！Maybe COVID-19 lockdowns and epidemic situations were kind of a blessing in disguise for you and me.」

　　外子欣然答應的同時，講了一句我聽不懂的英文，他說這句話是「這對我們兩個或許會是因禍得福」的意思。

　　是啊！如果可以轉移我的焦慮與不安，也能夠解除外子對於我「擔心害怕」的束手無策；如果我因看不見以致沮喪不已的心情，能夠因此而有所改善；如果再次專注於「寫作」的世界裏，能讓我徬徨無助的心，因為有了新的期待而趨於安定。那的確是。

　　就這樣，我們開始著手整理這本散文集的文書工作。

　　首先，拿出當年報社寄來的報紙副刊，及徵文單位曾經出版的書籍資料。

　　接著，外子逐篇將之重新打字、編輯，希望能夠盡快將之付梓。

　　這本散文集，收錄了我從民國 83 年至 90 年期間，投稿及參賽的文章。

　　集中，〈感謝您的愛！媽媽！〉、〈又見蝴蝶飛舞時〉、及〈一顆做母親的心〉這三篇，分別代表了我生命中最重要的三個人：我的媽媽、外子及女兒。

　　而曇花，是我最鍾愛的花卉之一，瞧她「寂寂曇花半夜開，月下美人婀娜來」的姿態，身上總散發著「剎那間的美麗，一瞬間的永恆」的特質，說她是專情摯愛的化身，一點也不為過呢！

這篇〈曇花〉，是我投稿作品中的第一篇，在前言裏，記述了我們取「貳人」為筆名，及「同心打字行」的由來。

在〈朦朧的另一片天〉裏，寫出了我是如何克服寫作時的稿紙問題，又是如何將一篇篇的文章完成的。

最勾起我心中的遺憾與無奈的，是〈一段未曾謀面的友誼〉。文章寫我與一位名叫惠珍的女孩，三年多來，我們彼此雖未曾見過面，卻建立起一段非比尋常的友誼，在那段日子裏，我們很快樂。

▲　　　▲　　　▲　　　▲

那時，當我得知「中華民國視覺障礙人福利協會」舉辦徵文比賽，我就計畫著，要把我們如何相識的經歷，化為文字去參賽。

專心投入參賽文章的撰寫，加上家務的忙碌，有好長一段時間，我並未與她通電話，但也沒有再接到她的來電。心想：

「也好，還是先不要告訴她好了。希望到時候能給她一個驚喜！」

　　因為我並不知道參賽的結果會是如何，也許我榜上無名吧！比賽結果終於揭曉了，我得了佳作，雖然不是很好的成績，但我也深感欣慰。於是就去電惠珍，要與她分享。

　　不料，接電話的是她的大兒子。

　　我疑惑的問：

　　「媽媽呢？可不可以請她接電話。」

　　他告訴我：

　　「阿姨，我媽媽已經過世了。」

　　乍聽之時，我「啊」了一聲，如同五雷轟頂，我說：

　　「怎麼了？發生了什麼事？多久的事？」

　　我一連串的問了好幾個問題。

　　過了一會兒，他告訴我說：

　　「媽媽前一陣子因為血管瘤復發，送去台北榮總，沒多久就過世了。」

　　我當時沉默了很久，因為我驚呆了，怎麼會這樣？

　　惠珍其他的家人，我並不熟識。她的大兒子，與我算是有一點熟悉，因為曾經代他媽媽接過幾

次我的電話，所以也知道我是他媽媽不曾見過面的一位住在南投水里的阿姨，才將這件事情告訴我。

平靜一陣之後，我以一個長輩的身份關懷他，也叮嚀了他幾句：

「那以後你就要好好的照顧自己和弟弟，也要聽你外公、外婆的話，認真讀書，成為一個有用的人，也要常常記起你媽媽的辛苦。」

正想與她分享這份喜悅的時候，沒想到，得到的卻是這樣的噩耗。掛上電話，我久久不能自己：

「怎麼會這樣？我們還不曾見面呢！我為什麼要將題目訂為〈一段未曾謀面的友誼〉呢！」

那段日子裏，我的心情相當的低落。

我自責為什麼要訂這種題目呢？三年多來，我倆雖確實「未曾謀面」過，但我們每次通電話聊天時，都很開心啊！難道這是天意嗎？雖事隔二十多年了，可是二十多年來，我並沒有忘記過惠珍這位朋友，雖然我們彼此都沒有看過對方的容顏，但在我的腦海裏，早已經為我們彼此刻畫

出慈眉善目的美好形象了，因為我們都有一顆很單純的心。

　　所以，最近在整理這篇文章的時候，我特別特別的有感觸，也不免想：

　　「人生真是無常啊！能不及時把握當下嗎？」

　　　▲　　　　▲　　　　▲　　　　▲

　　走筆至此，我憶起曾在一篇有聲雜誌中聽過，國內外許多單位，像台灣失智症協會、國立中央大學、及美國芝加哥大學醫學中心等，皆相繼指出，閱讀、寫作及多用腦，可以活化大腦，減緩失智症的症狀。這個報讀的內容，證明了我的老後人生選擇，方向是對的。

　　但願這本散文集的出版，能夠帶給大家多一層的理解到一個盲者，在面臨害怕時的心情出處，是如何轉折的，而對於「寫作」興趣，在進行時，又是如何克服萬難的。

　　也希望自己在未來的生命裏，能夠再一次的「又見蝴蝶飛舞時」。

　　最後，衷心地感謝政大教育系秦夢群教授的推薦，及如同家人的旗美高中饒淑貞老師的贈序，更感謝過往在我們艱困的路途上，給予支持與幫助的許多貴人，「貳人」才能跨過坎坷，走過顛簸。

　　謝謝大家！

水里住屋前院的地瓜葉

又見蝴蝶飛舞時
一個中途失明者的故事

目 次

饒 序 …………………………………………… 1

自 序 …………………………………………… 3

第一輯 投稿作品 ……………………………… 15

曇 花 ………………………………………… 17

兒時記憶：斑斕鳳凰樹下 ………………… 23

童言一則 …………………………………… 27

鄉居閒情在我家 …………………………… 31

我家那棵芭樂樹 …………………………… 37

寫給神農 …………………………………… 43

紙扇情懷 …………………………………… 47

朦朧的另一片天 …………………………… 49

第二輯　參賽作品 ······························ 61

又見蝴蝶飛舞時 ······························· 63

一顆做母親的心 ······························· 73

稻花香裏說豐年，音樂聲中聽神農 ············· 83

感謝您的愛！媽媽！ ························· 87

擁抱春天的彩蝶 ······························· 95

一段未曾謀面的友誼 ························· 105

化腐朽為神奇：有機成果的分享 ············· 115

清新鮮好 ····························· 愛亞 ···124

後　記 ···································· 127

第一輯　投稿作品

「貳人」攝於台東富岡漁港

曇 花

前 言

「貳人」，望文生義，即是兩個人──外子與我。之所以取這個筆名，實有另層意義。

外子與我二人皆是殘障者，他下肢障礙，我則需著義肢、挂手杖，我且身患紅斑性狼瘡疾病，並因之引起視網膜病變，幾近全盲。然我們並不氣餒，猶自珍惜患難之情，相扶相持，坦然面對人生。

「貳人」，有易經繫辭傳「君子之道，或出或處，或默或語，二人同心，其利斷金，同心之言，其臭如蘭」之義。結婚時，我們曾創立一家名為「同心」的打字印刷行，頗獲好評，但由於家遭橫變，不克續營。

我們目前定居南投縣水里鄉這個純樸山城，

閒暇時並常寄情字海辭林，摘擷生活點滴與所思
所想，蔚然成趣。由於文章係由我用僅剩的視力
先予草成，並藉外子之助，整理錄音、討論修改，
卒以成篇，興趣既同，每每書房展讀，竟也樂此
不疲，因而決定以「貳人隨筆」型態，開啟我們
的「second career」。

▲　　　　▲　　　　▲　　　　▲

筆者與夫婿攝於台東鹿野高台

東埔的友人，在得知我十分鍾愛花卉，尤其對曇花心儀許久而不可得之後，特地剪了數片枝葉給我，其中的一片尚且帶了個花苞。友人的巧心令我感動。

小時候，外婆家也種有一欉曇花，但我始終不曾看見它全開時的樣子。

外婆說：

「雖然曇花很普遍，但是沒有耐心或與它無緣的人，是不容易見到它盛開的。」

當時，小小年紀的我，對於外婆的話一知半解。

時光飛逝，將近三十年的歲月，我真的一直與它無緣。

從前，在寸土寸金的大臺北市區，居住的是公寓房子，想要種棵曇花，實在很難，對於它的美，只能在有限與模糊的記憶中去追尋。後來，我們遷居秀麗的山城——南投縣水里鄉。這裏氣候宜人，到處綠意盎然，使我不禁又想起它，如今在這樣的環境，我應該有機會栽植一棵了吧！

東埔的友人圓了我多年的夢。

將這些曇花葉插枝在花盆裏，它果真如朋友所言，非常容易栽種。一星期後，那個花苞悄然開過，

而我卻錯過了它的花容。

又經過一個多月，花盆中除了長出許多新的葉子外，同時還結了個花苞。我懷著期待的心情，一日看三回，而它竟不知我，兀自長得好慢好慢，徒惹焦急的心。沒想到一個不留神，我竟然與它又錯失交臂。明明黃昏的時候，還看見它花瓣緊閉，怎麼隔天一大清早再去看時，它已經開過了。

望著那一朵已開過的曇花，我怔在那，外子拍拍我的肩說：

「別太失望，只要我們有心等待，一定可以看到它的。」

曇花真的很奇特，有別於其他所有種類的花卉，若沒有耐心，真的一輩子也等不到它盛開的一刻。它總是在人們不太注意的時候悄悄的開，然後快快的謝，不但帶了點神秘，也有些故意般，卻又有著「擇善固執」的拗個性。

我終於明白了，原來「曇花一現」一詞便是如此來的呀！心中暗忖「我一定要好好的把握，絕不再錯過第三次。」

那天傍晚，曇花花苞挺揚，外子提醒我說：

「今晚曇花大概就會開了。」

我牢牢的記著這件事。九點左右，我走至院子，準備一瞧它的盧山真面目，而這次我終於如願以償，果真看見它正在努力的綻放。剛開的曇花，碩大潔白，一塵不染，既高雅又脫俗，宛如風姿綽約的美嬌娘，楚楚動人。全家人喜孜孜的蹲在花盆前，那麼近，那麼真的欣賞著這難得一見的「曇花一現」。

外子說：

「這是我四十多年來，第一次看見曇花盛開的樣子。」

女兒不甘示弱，也搶著說：

「我比你們幸運，才十四歲就看到了。」

父女倆各自拿出自己的相機，爭相拍下那美麗的特寫鏡頭，唯恐此花開後更無花，瞬間稍縱即逝。月光下我將花朵捧起，仔細端詳。

曇花真，真在它的幽靜芬芳；曇花善，善在它的不爭奇鬥艷；曇花美，美在它的潔白無瑕。夜風習習，沁人心扉，一陣陣濃郁的花香，飄散四周，陶醉了我的心。

本文曾刊載於中華日報副刊 1993.10.17

筆者夫婿花費兩周製作的花架，置放於前
陽台供筆者邊蒔弄花草，邊曬太陽。

兒時記憶
斑斕鳳凰樹下

　　挑選好水果，將錢遞給老板，在等待他找錢的時候，我望向眼前一幢幢的高樓大廈。雖然已經是三十多年前的事了，我卻依然記得那段日子，以及曾經擁有的喜怒哀樂。而如今，此地已變成大樓商家林立、人群熙來攘往的水果批發市場。人生世事真是多變化呀！

　　民國 53 年，我在此地讀小學。這裏原本是斗六鎮東國小的舊校址。猶記得在那寬廣的運動場，有我學騎腳踏車的趣事與糗事，以及跳房子、捉迷藏、官兵捉強盜等兒戲；木造的教室建築，老舊卻有著親切的鄉土味；而不夠用的教室，更為我留下一段有趣的記憶。

　　那時，由於教室不夠，一、二年級的學生，必須輪流到操場邊的一棵棵鳳凰樹下去上課。樹蔭下涼快

極了，蟬鳴聲此起彼落，蝴蝶也飛來飛去，鳳凰樹像把大傘，全班的同學圍坐其下，老師則站在中間對著我們講課，那情景，一點也不像是在上課，倒像是在郊遊、遠足呢！我們拿書包當椅子，屁股便直接坐在書本上。

如今想來，我的功課不怎麼樣，大概就是「坐書」的緣故吧！那種置身圖畫般的上課情景，我記憶猶新。

而同學之間那份發自內心的純真，直到現在，我也沒有忘記。

記得每次考完試後，我們便心裏有數，知道考卷一發下來，免不了要嚐老師幾下手掌心「竹筍炒肉絲」的滋味。幾個較要好的同學也早就做好準備，一下課便相偕跑至鳳凰樹旁那類似防空壕的大土溝中，溝中沒有水，在溝壁與溝底，長滿了各式各樣不知名的野花野草，開著各種顏色的小花朵，有白色、黃色、粉紅色與淡紫色的。時兒更有蝴蝶、蜻蜓飛舞其間，美麗極了。而在花草中會長出一顆顆像花生般大小、有著芋頭一樣顏色和形狀的果子，這便是我們跑來大土溝的主要目的。想想真是可笑也可愛，不知是誰出的歪點子，騙說將那一粒粒的果子汁液，塗抹在手掌中，

被打時比較不會痛。於是一傳十、十傳百的，只要一考完試，大夥兒便一窩蜂的跑去摘採，以免被捷足先登的同學搶光了。

　　直到長大了，才知道兒時的天真與幼稚，原來是「自欺欺人」的心理作用，因為手心打來還是那麼的痛呀！

　　我著實喜愛純樸無華的恬靜生活。雖然曾於十四歲那年，隨父母舉家遷至北部居住，卻在生活了二十多年後，極令人詫異的，又毅然搬離繁華的臺北市，執著地選擇了「返璞歸真」的鄉居生活，也因而有了更多的時間與空間，能夠一點一滴的回憶昔情往事。是感性，也是懷舊，然而，隨著歲月的流逝，這一切的一切，雖只能憑記憶去撿拾，但我確是擁有過一段美麗的快樂童年的。

　　看著身旁的女兒，想想現代的莘莘學子，鎮日受著升學壓力的籠罩，腦中只有功課與分數，自也抹去了歡笑的童顏。

　　莫非時代真的變得那麼多了嗎？難道今昔的價值觀標準不一樣了嗎？還是我「退流行」了？

　　「小姐，錢找妳。」

　　老板將我自過往喚回。接過水果，想想一路走來的心路歷程，多少鳳凰花開的季節堪值回味。髮梢飛白，我心依然雀躍，差幸未失赤子之心。

本文曾刊載於臺灣日報副刊
1995.10.20

水里住屋頂樓空中菜園的絲瓜棚架

童言一則

　　朋友的小孩，就讀小學三年級。由於學校離我家很近，且通常四點多便放學了，所以，他一向在下課後，會直接到我家，等媽媽下班後來接。這孩子，從小我看著長大，與我很親，我也視他如己出。

　　這天，他一進門，顧不得放下書包，便直嚷著肚子餓，我們因而有了一段簡單的對話。

　　「阿姨，我肚子好餓哦！有沒有東西吃？」

　　「才四點多，你肚子就餓了呀？」

　　「嗯！」

　　「中午便當有沒有吃完？」

　　「沒有。」

　　「為什麼呢？」

　　「因為那個菜我不喜歡吃。」

　　「哦！難怪你會餓，那你想吃什麼呢？」

　　只見他逕自走向櫃子，東瞧瞧、西望望的。

「阿姨，我想吃這個跟這個。」

「嗯……，好吧！」

我停了停，看看他，然後拿出了他想要的東西——餅乾與巧克力牛奶。我之所以猶豫，並非是捨不得這些東西，實在是因為……。然而，瞧他吃得津津有味，一副滿足的樣子，我也跟著高興起來。說實在的，當想吃東西而能馬上飽足口慾時，真是人生一大樂事，不是嗎？

等到他牛奶喝完了，餅乾吃夠了，抹抹嘴巴，我們之間竟又有另一段出人意表的對話。

「阿姨，我想減肥耶！」

「為什麼？是誰要你減肥的，媽媽嗎？」

「不是啦！是我自己想減的啦！」

「為什麼呢？」

「因為運動會比賽賽跑，我跑第四名。」

「第四名，很好了啊！」

「可是大家都笑我。」

「大家為什麼要笑你呢？」

見他不語，我再問：

「你們是幾個人一起跑的？」

「四個。」

當他說出「四個」時，我差點噗哧一聲的笑出來，腦際立刻浮現出他驅動著胖胖的身材，努力在跑、奮力向前衝的模樣與情景。但是，看到他臉上黯然的神色，卻讓我硬生生地壓抑住想笑的反應。我知道我這一笑，會壞了事情的，孩子一定會誤解我是在取笑他，而傷了他的自尊的，摸摸他的頭，我溫和地說：

「沒關係！從現在開始，你只要多吃蔬菜、水果，多運動，下次比賽，就可以跑第一了。」

看著他疑惑的眼神，我再補了一句：

「真的，你一定會跑第一的。」

小子眼睛這時突地一轉，盯向電視。

「阿姨，那我可不可以看電視？」

「當然可以啊！」

見我這樣說，他憨憨地笑了，剛才落寞的神情一掃而空，瞧他一下子又好有自信，好快樂的樣子，「跑第四名」這件事早被拋到九霄雲外去了。想來，除了「吃」以外，大概就只有「迪士尼頻道」中的「米老鼠、唐老鴨」等卡通人物是他的最愛了。

這個胖小子，體重超過正常標準很多。我也知道

朋友平日總不忘叮嚀，甚至限制他，這個不能吃，那個不能碰的。但是，當他餓昏了時、想吃之前、吃得津津有味之際，可完全沒想到要「減肥」或跑「第一」，卻在喝飽了，吃足了，才猛然想起這些令他很沒面子的事，而我這個大人，倒讓他給弄得啼笑皆非，捧腹不已。童言稚語，其天真無邪、爛漫可愛之處，想必就在這裏吧！

如果，在每個人的成長過程裏，能夠煩惱全無，處處隨意自在，那該多好。然而，我也曉得無人無處不煩惱，只是，順情適性，活在當下，卻是人人輕易便可做得到的，不是嗎？也但願你我皆可隨意捻來一手的快樂。

因著一個孩子，好像剛剛我就擁有了滿滿一手的快樂嘛！

本文曾刊載於臺灣日報副刊
1995.11.15

鄉居閒情在我家

　　印象中，從前人們多以「劉姥姥逛大觀園」比喻鄉巴佬進城時，那種處處新鮮、時時驚嘆的感覺。然而，曾幾何時，鄉下人不愛進城了，倒是城市客經常遠離都市叢林，往鄉下「跑」。對於這種改變，從假日、家門前山腳下、臺16號公路上，總是有著較往常增多的車輛駛進，便可略知一二。

　　說實在的，假日裏闔家一起踏踏青，或三五好友相約郊郊遊，確實是一項滿好的休閒聯誼活動。而踏入鄉間，也確實可給人心曠神怡的感覺，在這裏，大家可以暫時拋卻塵務，盡情舒展自己，享受著鄉間林野的那份靜謐與閒逸。無盡的芒草野花任你徜徉，變幻的山風水雲教我嚮往，甚至花間蝶兒也都知曉地伴他飛舞。總能讓人在捕捉一袖的滿足後，哼著〈鄉間小路〉，輕唱「踏著夕陽歸去」。

　　數年前，我們幸而有緣投身南投縣水里鄉這個樸

美山城的懷抱，得以坐擁鄉居情懷，並且搖身一變，成了半個「鄉下人」。

「怎麼！搬到鄉下住就是鄉下人了？」

「哦！當然不是！」

我們只是在自家門前種幾棵木瓜樹，於院子裏栽些紅花綠葉，將屋頂闢成菜園，種些當令、不含農藥的蔬菜而已。但是，如同「真正的鄉下人」般，卻儘可輕易地享受到田園野趣的恬靜生活。這裏空氣清新、放眼皆綠、景美情濃，鄉居閒情，隨意捻來，每每快活似神仙；也在這裏，我們築起了愛的窩，闢出了同心園，寄情寫意間，盡情揮灑著我們的天空。

我們的家，位在一處小山坡上，是一幢兩層樓的透天厝。當年臺北房價如日中天的時候，我們以相當合理的價格買下它，不但不必再繳那一年十八萬的房租，也擺脫了無殼蝸牛的無奈。

我們的家，視野好極了，自二樓頂的菜園中，便可以俯瞰濁水溪寬廣的河床，遠眺高聳的青山。隨時可來個「我見青山多嫵媚，青山見我亦多嬌」。天氣晴朗時，玉山皚皚的山峰彷彿就在眼前；而冬日雨後，水霧濛濛，更宛如人間仙境，不沾一絲俗氣。

　　我們的家，熱鬧滾滾。茉莉、玫瑰爭嬌，曇花亦偷瞧；知不知名的蝴蝶翩翩，麻雀兒鎮日喞啾，時而蟋蟀、知了也不甘寂寞地湊上一腳。不管白天夜晚，名曲交響，不分春夏秋冬，各擅勝場。

　　我們的家，四周群山環繞，恰是無數山，山無數，居在山中無覓處。從前叫作「水裡坑仔」，現在人稱「小臺北」。早年地理課本的地圖上，見不到它的蹤跡，現在，或許是蓋了聞名的明潭抽蓄發電廠，或許是沾了日月潭、集集線小火車的光，也或許是與九族文化村、惠蓀林場、清境農場、溪頭、杉林溪等等半日、一日遊觀光據點毗鄰，隨著遊客如織，竟也聲名大噪。以一鄉之隅，媲美省內各大都市而毫不遜色。

　　所以，如果有人問說：

　　「什麼樣的生活方式最令妳稱羨？」

　　我會毫不考慮的回答：

　　「鄉居生活。」

　　掐指算來，住在這裏也有三、四年的時光了，卻好像剛搬來也似，處處有驚喜。

　　有時，早晨上到屋頂菜園澆水，發現幾天前播種的小黃瓜吐芽了；或者，傍晚除草之餘，摘把小白菜

趁鍋熱炒了；也常在炎炎夏日的午後，盡享浮生半日閒，悠遊日月潭。外子總笑我雀躍得像隻快樂的小鳥，其實他也是欣慰而滿足的。

日月潭離家僅三十分鐘的車程，我們喜歡從地利進去，沿著熟知的小路，悠哉遊哉，讓車子不疾不徐的兜行於曲折山路。

亮麗的雲彩，忽隱忽現的點綴在樹梢，陽光投影於林間小徑，也明一塊暗一塊的，彷彿長頸鹿身上的迷彩斑紋般，變化多端。繞過潭南，通幽曲徑，終也柳暗花明，出徑即見波光粼粼、水色碧綠的潭面。夕陽猶自艷紅，雲彩依然亮麗，湖畔的孟宗竹，隨風搖曳生姿，湖面小舟盪漾，湖邊釣人靜待。如詩似畫的景致，迷住了遊人，也陶醉了我們。陶淵明如果再世，當亦美於斯。

想想，富貴實在是如浮雲的，人生底事，居家兩三，如果有機會選擇，且願意選擇，能夠不拘泥於生活圈圈，順情適性，實在是很幸運與有福分的。「選擇」與「放棄」不正是一線之隔而已嗎？如今種種，亦正是不假外求的極佳調和，而就像商人巨賈經營事業一樣，我們竭力維護著這得來不易的小小擁有。

　　家，是去鄉遊子、車站旅人、迷途羔羊思念的所在，溫情的依歸，也是我們的最愛。

　　家，讓我們滿心喜悅的依偎她。

本文曾刊載於臺灣日報副刊
1995.12.8.

水里住屋頂樓空中菜園的青江菜

我家那棵芭樂樹

　　傍晚，外子、女兒一起下班、放學回來。才一進門不久，他便要女兒到後院去拿修剪花木的工具，說是要整理門口花壇的那棵芭樂樹。因為每天下午五點半至六點是我收聽廣播小說的固定時段，所以我並未理會他們，自然也就沒有插上一腳，加入他們的行列。

　　待聽完廣播，只見女兒喜孜孜的捧著四個拳頭般大的芭樂到我的面前說；

　　「媽媽，妳看，芭樂耶！我們家自己種的芭樂耶！」

　　我瞪大了眼睛，叫道：

　　「唉呀！你們怎麼把它摘下來了？早上我才『巡』過，它還沒完全成熟呀！這麼早就採，能吃嗎？過些天再採也不遲啊！」

　　外子趕緊接口說：

　　「可以了啦！剛才我碰見隔壁財哥，他說這幾個

芭樂可以吃了，而且說，另一枝枒所結的小果實不要留那麼多，要疏果也要摘芯，才能促進養分的吸收與新芽的發育。……」

種植果樹該有的一些基本知識，外子長長地說了一大串。

財哥的話想必是對的，因為他是一位果農，有很豐富的種植經驗，這方面我們確實是門外漢。

「好吧！好吧！那就嚐嚐看吧！反正摘都摘了！」

我猶自嘀咕著。

望著這四個外皮猶綠、毫不起眼的芭樂，也想著財哥的話。

捨得捨得，有捨才有得呀！當時若將這四個結在同一枝枒的芭樂，摘掉其中兩個較小的，那現在每個的體積應會較大，當然，它們的數量也就相對少了一半，只剩下兩個而已，……想到這兒，腦袋瓜裏的腦汁又溢流到另一個方向去了。

好比生兒育女。有人認為，一些小孩生得多的家庭，自然得養得多，而除非得天獨厚，否則一定養不好。

「那生得少的一定會養得好囉？」

我沒有答案。或許，大家儘可以將之解釋為「先天若不足，後天必失調」，然而更多的事例，卻在在證明歹竹也會出好筍的。我是在想，如果有良好的照顧，或許會有豐富的收穫，路鋪得平坦些也較不易跌倒，「天時」、「地利」等條件儘管充分，但「人和」卻更是必要的呀！「努力」相信才是成功的不二法門。不是曾有一句「想要獲取麵包，你必須先在額頭流汗。」的話嗎？同時，「質量問題」也不適合用在人的身上吧！我相信若缺乏愛的滋潤，將無以閃耀人性的光輝，就像芭樂樹需要灌溉才能碩果纍纍一樣。……「機會成本」、「天下沒有白吃的午餐」、「大碗閣滿墘（台語）」……莫名其妙！我怎麼會有這麼一大串的聯想，為了四個芭樂傷透我的腦筋，完全不相干嘛！「通！」一聲，我將它們往水槽一丟。

「泡水去吧！可愛的芭樂。」

這天晚飯後的水果，很自然的，便是我們自家種的那四顆可愛的芭樂。

乖！乖！出乎我意料之外的，沒想到這四個其貌不揚的芭樂，竟然那麼的甜，口感那麼的好。並非「老

柯種芭，自種自誇」，實在是它脆甜、可口、好吃的程度，比起市場買的，有過之而無不及，絕對是不能取之以貌的。我一口接一口喜悅的吃著，也一面回想我是如何的栽種它們，如今竟給了我這麼好的回報。

　　猶記得那年春天，鄰居送我一棵芭樂樹的幼苗，我歡天喜地的將它種在屋後的空地上。一段日子過後，我發現它長得並不好，也不快，便將它移至前院，復經過一段時間，我依然覺得它長得實在是太慢了，又挖起它，改種到另一個地方，即院子前面的花壇。

　　三度種下這棵一移再移的芭樂樹，我曾對它說：

　　「芭樂，我已經學習『孟母三遷』的精神，將妳遷至這『陽光普照，土壤肥沃』的『良田美地』了，若妳再長不好、生不快、適應不良，我實在也沒『法度』了，因為我已無其他可容妳的地方，妳就好好的在這裏長著吧！我等著妳開花結果。」

　　外子見我這般地將這棵芭樂樹苗移來移去的，忍不住說：

　　「妳一會兒將它移東，一會兒又移往西，如此的折騰它，能活才怪，想叫它開花結果更是難喔！我看想吃芭樂，還是用買的比較快。」

「說得也是！」

我表面附和著他，心裏卻想：

「反正，種種看嘛！不結果，種來欣賞也不錯呀！畢竟它也是一棵有生命的綠色植物嘛！何況，禽擇良木而棲，樹就良地以植，我們不也是因為這樣才搬來水里的嗎？」

之後，我依然按時澆水施肥的照顧它，就像照顧我的家人一樣。如今，我終於得到了美好的回饋。

「十年樹木，百年樹人。」、「想要怎麼收穫，先那麼栽。」真是一點都不錯。我們能說，種樹是一件簡單、輕而易舉的事嗎？

本文曾刊載於臺灣日報副刊 1996.2.26.

寫給神農

藍天白雲

萬里星空

人生何處不相逢

何其妙也

緣結空中

我與神農

是真實亦朦朧

電波傳送

神農種種

圓我無數個夢

　　提筆寫下這幾句話時，我不禁莞爾。所謂的「相逢自是有緣」，這句話一點也不錯。與神農之間，要算是「緣」深的「緣」故吧！否則，國內電臺那麼多，難道是他們電波較弱？還是南投水里較遠？也許果真

如此，但我寧願相信是彼此不存在著時空阻隔，且能心領神會的交流，更有著無盡的期待使然。

猶記得 84 年 8 月 23 日的午後，我百無聊賴的轉動著收音機，驀地，一首聲波發射清晰、音質優美、旋律輕快的曲子「我在你左右」吸引了我，我再仔細聆聽，原來是一個新的電臺──神農廣播電臺──在試播。試播期間，曲子動聽，音質良好，不但彌補了我的缺憾，也滿足了我的喜好。而時間過得很快，9 月 19 日正式開播至今，更已屆滿半週歲了。半年來，絕大部份的時間裏，我都是扮演著一個默默的聽眾，每天從清晨五點開播的節目聽起。也因此，我知道了很多農業知識及生活上的小常識，更深深體會到農民的辛勞、心聲、及點點滴滴的農務農情。

我與神農，便是在這樣偶然的情況下相識了。

雖然，我只是一個十分平凡的家庭主婦，神農卻讓我可以「煮婦不出門，仍知天下事」。每天，我總是懷著期待的心情打開收音機，而收聽神農，竟成了我日常生活中，一項重要的功課（吸收新知）與不可或缺的娛樂。不過，說實在的，要製播一個能令聽眾鎖定頻道的節目，誠非易事，尤其在電臺頻道開放的今

日，更是難上加難。我個人對事情的要求極高，尤其聽廣播這件事更不例外，是以神農一開播，我便對其製作內容與節目品質，重視不已，也算是挑剔的一個，好像電臺的好壞榮辱跟我息息相關似的。

　　我無意也不敢妄加評斷節目的好壞，因為它既主觀也見仁見智，猶如欣賞一件藝術品，每個人有著不同的面向，有著自己的欣賞角度，差異也因之而生。但是，好比看一本書，如果沒有整本看完它，就遽下斷言說這本書不好，其實都是不公平的。神農的每一位工作者必定都很努力，節目力求創新與適情適意，這可由前一陣子，節目的調整及更換聽得出來，除了call in 節目的開放外，現場節目的製播也增加不少，使得節目內容豐富且生色活潑。

　　然而，電臺節目的製作人與主持人，所面對的是成千上萬，一個個品味、思想、看法都不同的聽眾，舒服了這個，恐怕難過了那個，著實為難，身為聽眾，實在不應加以過多的非難，反倒是關懷與鼓勵的挹注，更能振奮人心，更能賦予節目品質提升的正面功能，而我們聽眾也或將因此而獲得更多無形的「反射利益」吧！

　　我相信神農精神是經得起考驗的，誠願每位聽眾都有更大的包容力與鑑賞力，也盼望神農的節目會越做越好，觸角越廣，更深入每個角落，成為每個人日常生活的一部份。

　　易經繫辭傳有言：「二人同心，其利斷金，同心之言，其臭如蘭。」無論是「緣」或「圓」，讓我們在FM99.5的天空裏連結吧！相信追求真善美的理想，神農如斯，你我如斯，不是嗎？

本文 1996 年刊載於虎尾神農雙週報

水里住屋頂樓空中菜園摘清江菜

紙扇情懷

　　女兒高中聯考時，我與外子均前往陪考。為了找到一處陰涼、理想的休息區，一大早我們便趕抵考場。

　　陪考的時光是漫長且單調的，尤其是在炎炎夏日的七月天。閱讀書報雜誌，在這時似乎是打發時間最適合的一件事了，外子遂請女兒至校門口買份報紙。

　　女兒回來時，手上同時拿著一把「紙扇」，我接過一看，原來是補習班發送的。將它拿在手上，我正面瞧瞧，反面看看，時兒晃一晃，搧一搧。搧呀搧的，扇影晃動間，一段兒時的記憶，彷彿又回到了眼前……

　　五〇年代的臺灣，家電用品並不普遍。別說電冰箱、冷氣機……了，就連想要擁有一台電風扇，也有如天上月亮般的遙不可及。那時，我們家唯一可用來消暑的東西便是紙扇。在盛夏的夜晚，我們用它來拍趕蚊子、搧風納涼；在灶前燒水煮飯，我們用它來搧火驅煙；甚至於不聽話時，它還是媽媽用來教訓我們

的「家法」之一呢！

　　而不管在戲院裏看話劇（舞台劇），或在廟口看野台戲（歌仔戲、布袋戲）時，更是可見觀眾人手一扇。扇子的樣式五花八門，有摺扇、有羽扇、有竹扇，更有那由大椰葉修剪而成的葉扇，其中以「紙扇」最普遍了。

　　想想，經過了三十多年的努力，我們現在所過的生活可說是非常的舒服。冷氣機、電冰箱、電風扇等家電用品，已經是相當普遍的了。然而，儘管如此便利，我仍舊十分懷念且珍惜那曾經以「紙扇」來搧風消暑的日子。

　　再度拿起擱在一旁、補習班發送的這把紙扇，我仔細的端詳輕撫，發現早年由竹片編成用來貼扇紙的扇架，已經被量產的塑膠製品所取代了。

　　啊！紙扇情懷依舊，而時空卻……。

本文曾刊載於中華日報副刊
1997.9.30.

朦朧的另一片天

　　一場疾病及其併發症，不但徹徹底底的奪去了我的「健康」，更使我喪失了寶貴的「視力」。

　　然而，危機就是轉機，這個轉折，卻開啟了我人生的另一個旅程，著著實實的改變了我的一生。

　　十一年前，我莫名的罹患了一種「先天性自體免疫系統失調」的疾病，又名「風濕性紅斑性狼瘡」，並因其併發症，導致視網膜病變、視神經萎縮。一瞬間，原本已是肢障的我，又同時失去了健康與視力。

　　隨之而來的，是漆黑與淒苦的日子，矛盾痛苦、惶恐不安、甚至灰心喪志的情緒，天天煎熬著我。曾經，多少夢迴的午夜我驚醒，無數解脫輕生的念頭一一湧現。造化實在是太作弄人了，既讓我承受肢體殘缺的苦在先，又置我身患重病且中途失明在後。情何堪，心茫然，我變得怨天尤人，憤恨不平。

　　那是一種痛不欲生的感受，一種截然不同的面

對。萬萬沒想到，無奈、挫折、痛苦，甚至摸索，會成為我生活上的代名詞，而如果不是親身遭遇，我哪裏可以了解眼明時所不曾感受到的不便，又怎能體會黑暗中度日如年盲者的心情呢？

　　一年多的時間裏，黑漆漆的世界中，我每天以淚洗面，彷彿世界末日降臨般，全家同陷愁雲慘霧的萬丈深淵中，日子變得既難熬且無助。後來，病情較穩定了，眼科吳醫師會同內科、麻醉科等相關醫師，在中秋節的前幾天，徵詢我開刀的事宜與意願，而令我興奮不已。儘管窗外秋風蕭瑟依然，我卻有著「月到中秋分外明」的喜悅與期待，心中不但燃起一絲希望，也決定一賭自己的命運。如果手術成功，我的人生將再度大放光明；如果失敗了，不僅白挨一刀，恐怕我亦將永遠黯然。斯心斯情，唯「得之我幸，不得我命。」八個字得以形容。

　　終於，令人興奮的一刻，在企盼多時之後來到。懷著忐忑不安的心情，我等待著醫師拆下覆眼的紗布。

　　「來，不要怕！慢慢的把眼睛睜開。幾隻手指？一隻？二隻？……。」

　　他將手指在我的眼前晃了晃，問我。

數分鐘過後，我漸漸適應了那刺刺的光線。醫生白色的制服，模模糊糊的映入我眼簾，我努力想看卻看不清楚，剛才的喜悅消失了，心中也跟著惆悵、失望起來。

我急切的問道：

「吳醫師，我的視力只能恢復到這個程度嗎？我根本看不清楚幾隻呀！有沒有辦法恢復到原來的視力？」

「不要急。妳才開完刀呢！傷口還得等一段時間才會復原，那時候會較好的。」

他拍拍我的肩，安慰著我。而答案似乎已隱約呈現在他的臉上了。

「我想我該滿足了，雖然失後又獲得的只是一點點，但聊勝於無呀！眼前已經不那麼黑了，不是嗎？」

我自我解嘲、憑窗苦笑，努力平復怨懟的心。

一晃數年過去了。這些年來，我便如此的生活在模模糊糊、朦朦朧朧的世界裏。東西、人影、方位，一切的一切都像是在霧裏看花般。常常一個不注意，便掃落桌上的杯子，弄得滿地玻璃碎片、茶水四溢，每當這個時候，便生氣家人將杯子亂放，也懊惱自己

的不中用，家人除了默默承受我的咆哮之外，還得去收拾桌上及地面的殘杯濺水，實在難為他們。而開門七件事——柴米油鹽醬醋茶——於我更是挑戰，割傷、燙傷的新傷舊疤不計其數，往往為了燒一頓飯，我手忙腳亂、汗流浹背，也弄得廚房杯盤狼籍。夜晚來臨了，我更宛如置身伸手不見五指的暗室，經常搞不清楚方向，不是撞到門，便是碰倒椅子，跌撞間總是碰得青一塊紫一塊的。至於閱讀、寫字則有如天方夜譚般，也變得遙不可及。凡此種種，實在不勝枚舉，雖然經過不斷的努力與調整，我還是無法克服重重困難。

「或許我該接受一些日常生活、定向行動、甚至點字閱讀與謀生技能的訓練吧！」

但是，在經過詢問之後，我才了解到目前國內訓練中途失明者的機構並不多，僅有的一兩所，我也不符合他們招收學員的資格和條件，因為我除了眼疾，還多了肢體殘障，及無法治癒的 SLE 慢性疾病。也因此，無緣在這些機構裏接受訓練。我心想：

「既然求助無門，只有『自求多福』，自己訓練自己了！」

　　所幸，及時拾回的一點點視力，加上外子及女兒時時的協助，阻礙才得以降到最低程度。初始的練習備極艱辛，也極不適應，但我並不氣餒、不放棄自己。任何事情，對我而言，雖然困難，也諸多不便，但藉由所剩一點點感光的幫助，我總盡力做好它；更多時候，我是在無數次失敗與挫折的打擊後，訓練出自己敏銳的直覺與正確的步伐。慢慢的，生活不再那麼苦澀，日子也有如倒吃甘蔗般的漸入佳境，心中一旦無礙，生活也無礙了。陰晦既經轉為明亮，我變得達觀起來，不但對自己充滿了信心，也更加珍惜我所擁有的，特別是重又獲得僅存的視力，哪怕它只是那麼渺小，於我卻珍貴如夜明珠。

　　在重新調整、適應與自我訓練的過程中，諸多糗事、趣事，層出不窮，再三發生。

　　記得有一次，我準備燒一盤「蔥花炒蛋」，外子看我左手按住蔥根，右手持刀，刀鋒貼著指尖，只聽一陣輕剁砧板聲，交織著刀光起落，他不禁目瞪口呆，替我捏把冷汗。不一會兒工夫，只見如翡翠、似珍珠的蔥花，剎那間落滿盤。

　　「怎麼了？幫我打個蛋吧！」

　　我神態輕鬆的看向他，卻被他一句「哇噻！妳真是一流廚師的刀功呀！」而得意不已。

　　而每回外出，我眼睛直視地面、目不轉睛、手持柺杖、小心翼翼、一步一腳印慢慢走的模樣，像是地上有黃金待我尋撿似的，其實是怕凹凸不平的路面會使我跌倒。但是，如此走路的姿態，卻常常引來周遭路人的好奇，我只能裝作若無其事的樣子，殘存的視力中，隱約可以察覺到他們的注目。時而一聲「方太太，來買東西啊！」飛入耳裏，只見我對著身旁的陌生人猛點頭，著實尷尬不已。

　　更有一回上菜市場買菜。習慣上，我在出門前，會將大鈔小鈔分置不同口袋，既利區分，也免找錯。這天，在買了四百元的東西之後，老闆找我兩張紙鈔，我接過錢，對著那兩張一樣是紅色的鈔票直瞧，想要分辨清楚好放入適當的口袋。只聽老闆說：

　　「壹佰元，不會是假的啦！」

　　我啼笑皆非。我只是要確定哪張是伍佰元，哪張是壹佰元而已呀！欲待解釋，卻早已不好意思的脹紅了臉。

　　而上醫院看病，自恃有著「聽音辨位」的本事，

卻每每錯把張三當李四，趙五看成王六。有時一個不小心，掉落了銅板、證件什麼的，我便一個頭兩個大，在地上東摸西找、胡亂搜尋一通不說，總又惹來奇異的眼光；實在找不著了，硬著頭皮請求他人協助時，一句「就在那邊啊！」而我哪裏搞得清楚他們順手所指的地方呢！或者「喔！妳看不清楚呀！那為什麼不戴眼鏡呢？」也經常問得我難以解釋，不知如何是好。

　　眼明時，我熱愛蒔花種草，也養了不少蘭花，生病期間，無能照料，只有任憑它們自生自滅，哪知次年春天，它們依然朝氣蓬勃的新芽橫生，朦朧間看得我好生心喜，很想將它們好好修剪、分株、換盆，使它們長得更好、更壯，開出更美麗、更碩大的花朵來，同時也想測試測試自己的視力，還有多少功能。於是右手持剪，左手握住一枝枯黃的老葉。怎知，咔嚓一聲，應聲而斷的竟然是一片新生的枝枒，實在是對它不起，也心疼不已。

　　「奇怪！明明摸的是枯葉，怎麼會剪錯了呢？」

　　對於這些無法掌握的狀況，我學習用釋然的態度去面對與接受，也發覺生活上的點點滴滴，我漸漸適應得很好，這激發了我對更多事物探觸的心。緣於不

認為視障者的世界是那麼的受限或狹窄，不願意困坐愁城、隨波逐流的過日子，我開始將觸角向外延伸，除聽有聲書、音樂之外，更以廣播為吸收新知、拓展人際關係的重要途徑，尤其時下「call in」節目型態的出現，還真讓我交了不少空中朋友呢！我們彼此雖皆未曾謀面，但一通起電話來，猶如多年老友般，是那麼的親切、那麼的自然。而藝文活動的報導，徵文比賽的訊息，更常聽得我怦然心動。心中不免暗忖：

「也許我還有能力做點什麼呢！」

腦際閃過我小時候很有興趣的一件事──「寫作」。希望成為一位「作家」，曾經是自己偷偷許下的一個「心願」、一個「夢想」。欣然間，卻不禁自問：

「我現在還可以嗎？」

寫作其實一直是我想做而沒能做的事。以前是因為創業忙而沒能做，現在雖有時間卻無法做。但是，念頭既起，我不服輸的個性，真的開始計畫起來。

首先是稿紙的問題。由於坊間的稿紙，在我看來就如同白紙一般，根本無法看見紙上的方格。為了克服這個問題，我使用較厚的紙替代（100磅的雪銅紙，大約25開大小），小心翼翼的，將之對折對折再對折，

折成八行，寫字時，手指挨著筆尖，每寫一行，便折入一行，一張紙兩面用。解決了用紙的問題之後，心中不覺雀躍起來。

記得剛開始的時候，我還不敢讓外子及女兒知道這件事，深怕他們會澆我冷水，總是趁他們上班上課後偷偷的進行。

但是，我獨自摸索了好一陣子，卻面臨了種種的困難與挫敗（這期間，我也嘗試過用錄音的方式，但因修改不易而放棄了）。我幾乎要打退堂鼓了，但我真的很不甘心呀！想起《串場河傳》作者梅遜先生，也是在他人的協助之下，完成了這本巨著。

是以，我深信只要有人協助我，我也一定可以做得到的。

鼓起勇氣，我將這個心願向外子吐露，盼能得到他的支持與協助。沒想到外子被我「愚公移山」的精神所感動，不但認同與大力支持，更答應充做我的助理。他說：

「做得好不好是另一回事。妳既有此心願，又有毅力去做，我們當然不能徒留遺憾、當然不能讓它功虧一簣啊！」

接下來，利用所有得空的時間，我努力的去記起每一個多年來未曾再接觸且快被遺忘的方塊字，一筆一劃，慢慢的勾勒，將自己周遭的點點滴滴，儘管雜亂但卻用心的將它們記錄下來。

而我文字重疊的草稿，有如「天書」般難懂，總弄得外子頭昏眼花，常常二人做著猜字遊戲，竟也其樂融融，蔚然成趣。外子很有耐性，他首先將我的初稿輸入電腦，略事整理之後輸出，然後讀給我聽並錄音，使我得以邊聽邊修改，改畢，又再輸入、輸出、錄音一遍。如此，經過無數次的修正，要完成一篇文章，其過程是艱辛、緩慢且繁複的，然而，徜徉字海辭林的心卻是快樂無比的，遨遊想像的空間是美麗斑斕的。

嘗試寫作期間，我也曾經參加過徵文比賽，於民國 83 年以一篇〈又見蝴蝶飛舞時〉獲第二名，次年再以〈一顆做母親的心〉得到佳作獎，而今年(86) 3 月以〈感謝您的愛！媽媽！〉忝列冠軍，不但讓我信心大增，也更樂此不疲。

寫作，是美麗彩筆和情意幻化的組合；文章，是人生底事與心靈契合的交織。

時而，無心插柳的一首詩，靈感突發的一句詞，總教我賞心，更令我激動，甚至思竭心劌、枯腸盡索的小文，也有著成就的滿足感，久久不能自已。

肯定，對我而言是重新出發的開始，不管高興或鬱悶，我都可以藉由紙筆，一一鋪陳喜怒哀樂，暢所欲言所思所想。它讓我懂得欣賞，懂得觀察，也愈來愈有信心，新的人生觀油然而生，我不再奢想奇蹟的出現，但求心境的恢宏廣闊。人生是苦是樂，完全看我們如何觀想。

雖然，一扇門被關了，總會有另一扇窗可以打得開的，且窗外迎向我的，必定是一片亮麗的藍天。有外子至情的幫助與牽引，相信我更可以平坦的一步步往前走，走向視障者的另一條康莊大道，而我「朦朧的世界」相信將更加清晰、更加鮮明，另一片天也會更加璀璨的。

本文曾刊載於中華日報副刊
1997.11.2.

第二輯　參賽作品

「全家福」攝於宜蘭【香草菲菲】

又見蝴蝶飛舞時

　　諺云「路遙知馬力，日久見人心，患難見真情」。人的一生當中，總有些值得一書的事物，我不例外，而「影響我最深的人」正是長久以來縈繞在我心中的題目。

　　文章的主人翁便是外子，一個集諸多優點於一身的人。今天藉此機會表達我無怨無悔與感激之情於萬一，七世夫妻的故事，於焉信然。如果有下輩子，我還是願意成為他的妻子的。

　　我是一位殘障者，且是個多重障礙者——肢障、視障，而更令人心酸的是，我還是個一輩子必須與病魔搏鬥、死亡隨時會降臨的慢性病患者。然而，我卻擁有一段幸福、美滿、成功的婚姻，一個健康、快樂、溫馨的家庭，更有一個聰明、可愛、活潑、伶俐的女兒。而這份擁有，是來自另一個也是患有小兒麻痺症殘障者的付出，他就是外子。一個影響我最深的人。

　　外子是一個才華洋溢、思想達觀中庸、待人處世圓熟、有原則的人。他不僅在生活上照顧我們，在思想上啟迪我，更在精神上引領我。他使我們免受飢寒煎迫，更使我有了面對疾病、面對痛苦及面對未來的勇氣與信心。如果沒有他的付出，我或許早已因喪失活下去的動機而香消玉殞了。而這些，在一般人看來是那麼的平凡與應該，何以在我卻是如此的感念與重要呢？因為他的所作所為，他的思想深深地影響了我、改變了我。

　　事情是這樣子的：

　　民國 75 年夏天，我以無名熱及全身酸痛症狀，在到處求醫無效情況下，奄奄一息的被送進了三軍總醫院急診處。經醫療人員反覆細心檢查，十天後向我宣告，我得了一種名為「風濕性紅斑性狼瘡」的疾病，簡稱「思樂醫」(SLE, Systemic Lupus Erythematosus)，這是一種全身性的疾病。剎那間，我沒辦法思考，我不知道為什麼會得到這種怪病，這到底是一個什麼樣的疾病？醫生告訴我，這是一種先天性自體免疫系統失調，必須長期吃藥、檢查、控制的疾病（服用俗稱美國仙丹的類固醇，亦即腎上腺皮質素），預後是樂觀

的，病本身沒什麼問題，其可怕在因併發症引起的後遺症。言猶在耳，住院兩個星期後的一個早晨，我醒來時竟什麼也看不見，起先以為是沒睡好，眼睛模糊。經會眼科檢查，證實了是「視網膜病變視神經萎縮」的併發症。我失去了我的視力。

一個月的住院期間，我萬念俱灰。

「我不要再醫治了，就此結束吧！」、「一了百了，否則我以後該怎麼辦？」的字眼時時刻刻浮現在我腦際。

然而，外子的細心照顧，絲毫沒有讓我有輕生的機會，我相信他的苦絕不亞於我。結婚時我們共同創業，經營了一家名為「同心」的打字印刷行（意謂彼此同心協力，並有易經繫辭傳「二人同心，其利斷金，同心之言，其臭如蘭」之意），如今我一病不起又失去視力，好比他失去了左右手。卻見他收起了淚水，收起了怨懟，起而代之的是一股無比的力量。他不僅勸我要堅強，要面對問題、面對挑戰，更獨自接洽業務、跑工廠、打點鉅細。整整一個月的時間，他忙得團團轉，工廠、客戶、醫院、工作之間，馬不停蹄的奔波，卻未聞他抱怨。

　　出院回家後，我因為失去視力，為了適應環境所面臨的種種困難與挫敗，再加上服藥所帶來的副作用，常常有歇斯底里的現象，沒辦法控制自己的情緒，甚至拿外子當出氣筒。回想當時的情景，實非筆墨所能形容。

　　而他就在那個時候，將他的心，一顆包容我一切的心，發揮得淋漓盡致。他常常放下工作，像一個父親、母親般的照顧我的生活飲食起居，像心理醫生一樣的建設我的心靈，像護士一樣的送我去作檢查治療，提醒我吃藥，乃至為我沖泡牛奶送到床邊來，諸如此類，舉凡父母親、醫生、護士所要做的事，他全包了。然而，我還不時的鬧情緒，把原本已經忙得團團轉的他，搞得負擔更重，他卻毫無怨尤的，照單全收。他的親情、耐心與包容，使我有如在黑暗裏見到了一盞明燈，在汪洋中抓到了一片浮木，日子變得不再那麼灰黯，也逐漸走了出來，直到我病情較穩定，才稍緩他精神上、時間上與金錢上的負擔。

　　但是，夢魘並未就此結束。民國 77 年，我因血小板不夠（只有 15,000）緊急住院，急需輸進血小板，以防內出血不止。因為當天已經接近下班時分，從血

庫裡取用似有困難，由於外子跟我是同血型，便毫不考慮的讓醫生從他的血液裡分離出血小板，注入了我的血管中，而再一次的保住了我的生命。這是多麼高貴的一份情啊！

臺北居，大不易。不知從什麼時候開始，臺北市的居住環境變得惡質化。噪音、空氣污染、塞車等等現象與日伴隨，此在常人已是無法忍受了，於我更是雪上加霜。

打字行開在木柵木新路，載運北二高、捷運木柵線工程廢土的卡車，每天以幾十車次、日以繼夜地呼嘯而過，夾帶大量灰塵與隆隆震耳聲。我變得神經衰弱，每天必須服用鎮定劑還睡不好覺，作了甲狀腺檢查，依然找不出原因出在哪裏，我的病情又轉趨嚴重了，醫生建議改變居住環境。

然而，談何容易呢！臺北的房價高得出奇，租金也貴得離譜，要怎麼改變？

民國 81 年 3 月，對我們這個小家庭而言，是個轉捩點。

為了我，外子決定搬離臺北市。他結束了男人的第二生命——事業，搬至南投縣水里的鄉下，經由好

友的推介，接受了一份收入只有台北五分之一的臨時工友的工作，並傾其所有，以只能買得臺北房子一隅的價格，在當地買了棟二層樓的透天厝。如此重大的改變，我卻被他雲淡風輕地一句話「守住人比守住錢重要」感動得落淚。如果不是為了一個重殘而又患有慢性疾病的妻子，他會更有成就的，而他卻以「捨得」之心，毅然放棄辛苦創立的事業，怎不教我為他抱屈呢！好在我身子一天天地硬朗起來，焦躁不安的現象減緩，對環境也適應了，不然豈不辜負了他的用心良苦。

平凡中更見偉大，我在他身上看到了。

兩年來的鄉居生活，著實改變了我們的一切。收入雖不多，可是我們過得很愉快，生活規律而安定，家庭和諧而滿足，外子的才華也漸次展露了出來。

為了我的健康，他開始學習種植蔬菜（不含農藥），凡是葉綠素含量豐富的皆嘗試種，而最讓人津津樂道的是木瓜樹，雖僅種了三棵，卻結果纍纍（一百多個），又甜又好吃。

我喜歡花草植物，他便為我學習如何蒔花弄草，我們的花園，便是他愛心栽培的成果。

　　當玫瑰花盛開的時候，三十幾朵不同顏色的花同時綻放，還真美不勝收呢！常常他剪枝施肥，我澆水灌溉，共同經營這象徵著我們愛情的園地，欣見它茁壯、美麗、燦爛。

　　木工是他另一項無師自通的才華，而這並非他的專長，他學的是文學，打字排版印刷的領域與知識才是他的專長。

　　初搬進這棟房子的時候，真可用「家徒四壁」四個字來形容。他竟欲自己「DIY」動手裝潢，加上行動不便，著實令人難以置信，卻又不忍潑他冷水。

　　沒想到，憑著一股自信與創意的念頭，只見他一件件地完成了作品。

　　今天，家中客廳的和室地板、寬三尺長六尺帶兩個抽屜的和室桌、櫃子，二樓書房的栓木地板與書架，樓頂的白色花架等，皆出自他手。

　　而凡此種種，是他利用上班以外的時間完成的。不要說看到這些成果的親朋好友，個個嘖嘖稱讚，就連我這個做太太的，要不是親眼目睹他一釘一鎚、點點滴滴的細心搓磨，我還真不相信，這是一個沒有經驗，雙腳殘障的人做的。

「凡事只要有心便可以做好，困難只是退怯的藉口」是他常說的話，我受用無窮。

外子允文允武，不僅木工、農務，乃至於廚房事務皆做得好，而文思亦佳。

我自小就好希望能擁有一棟有院子、樓梯在裏面的二層樓房子，如今他圓了我幼年的夢，然而，我貪心不足，除夕日那天又希望他能在我們家的大門上，寫上一幅對聯。結婚後便未再拿過毛筆的他，拗不過我，勉為其難的以我倆與女兒三人的生肖為題，寫出上聯「一馬當先奔萬里」（他的生肖），下聯「三羊開泰報平安」（我的生肖），橫聯「五福臨門狗運來」（女兒的生肖）的對子來，可不妙哉！寫畢他直說寫得不好，卻又接著說「但至少我有勇氣貼」。

是的，勇於面對自己是他的特點。

總之，要形容外子，讚美外子，我還不知道有多少話好說。個性偏激的我，有幸碰上了他。無論是思想上或生活態度上，他皆像一盞明燈地引領著迷途的我。近朱成赤，我竟也深受他的影響，沾染了那麼一點「平凡巨人」的特質。如今的我，不再怨天尤人，常懷感激之心，尊重生命之美，也勇於面對自己。

　　外子不僅是我們家的園丁、工程師，更是我生活上的良師益友。我要說，他是一個值得我鍾愛的人，一個不枉今生今世我託付的人，一個影響我最深的人。

後記：這篇文章是我以錄音口述方式，由外子形諸文字的，感
　　　謝他！

本文獲「1994 國際殘障才藝競賽」
徵文組第二名。
＜評語＞以二度殘障為題，心境寬
厚，充滿層次，文筆清麗。

一顆做母親的心

　　破曉時分，曙光乍現。初夏的新店溪，波光粼粼，晨霧正逐漸散去，清風也拂人。沁心的感覺，隨著光線的增強散播開來。耕莘醫院裏，此刻正進行著一項分娩手術，「生」的喜悅與期待被強烈的感受到。終於，象徵一個新生命初到人世間本能的啼哭聲，悅耳、有力、動人地劃破了清晨的寂靜。淚眼迷濛中，分不清是自己的，還是新生命的那顆跳動的心，歷歷撼動著，撼動著初為人母的我──一個小時候因車禍而截肢的殘障者，欣喜如願地孕育了自己的孩子。

　　打從知道有一個小生命，正在自己身體中成長著，我便顯得忐忑不安，喜憂參半，矛盾掙扎的心情也極其強烈。

　　喜將為人母，雖身殘也一樣可以孕育後代；憂小孩是否會很健康？四肢是否會很健全？腦筋是否會很靈光？只因為周遭太多朋友有著否定答案的遭遇。而

為了順利生下健康可愛，四肢健全的寶寶，懷孕期間我處處小心，事事如臨大敵。不許家人敲敲打打，釘這鋸那；也忌諱在臥室中縫縫補補，裁裁剪剪，更是小心保護自己，深怕因傷寒必須服藥而影響胎兒的發育。

　　諸如此類患得患失，看似毫無根據的迷信舉止，努力避免生出來的孩子身體有所殘缺或……，雖有著一份固執，卻正是我即將為人母的心情寫照。

　　「護士小姐，我的小孩四肢健全嗎？身體健康嗎？」

　　儘管身體疲倦羸弱，我卻一定記得要問這個問題。不為是否生男生女，只為了自己是個殘障者，外子也是個殘障者。

　　雖然我知道世界上有著太多的不幸，愁離死別、貧困度日的事更時有所聞，但此時的我，卻是真切地面對著那份長久以來，潛藏在內心深處的擔憂與害怕。

　　「恭喜妳，是個女娃娃，四肢很健全！至於健康情形等做完基本檢查後才知道，目前看來還好。妳安心休息，我們會好好照顧妳的小 baby 的。」

　　我笑了，但惦著的心情一刻也沒有停止過。

　　產後，我在嬰兒房開放探視的時間去看自己的寶貝，撐著拐杖，從晶瑩亮潔的玻璃窗望去，我逐一過濾每隻小手上的手環，仔細尋找著自己的名字。

　　「看到了！在那裏！她的小手小腳不停的動著呢！」我幾近欣喜若狂的叫了出來。

　　小傢伙確定是健康的，瞧她一副精力充沛的樣子就知道了。而且最重要的，是她不需要被照燈或做特別的治療。

　　我露出欣慰的神情，而心中的那塊石頭也才真正的放下。

　　「小孩睡覺的時候，不可以去親她、聞她，否則會不好帶。」然而，出院回家之後，我根本無法克制自己。整晚又是看，又是親，又是聞，又是說話的，好像女兒已經在一夜之間長大了似的，長輩的叮嚀早拋到九霄雲外去了。

　　為女兒洗澡是一件大事。

　　首先，我必須先將水準備好，然後一手抱著她，一手撐著地，坐在地板上，慢慢的從房間移至浴室，交給早已等候在那兒的外子，因為他的手掌比較大，

由他負責洗，以免一個不小心將女兒掉進了水盆中。同時，動作要快，免得著涼。洗完，由我用一條蓬鬆柔軟的大毛巾接過，再慢慢的坐回房間。而如此的動作，一直到女兒可自行走至浴室為止，我們也才不那麼辛苦。

難忘的時與事，儘管刻劃著成長的歲月，磨損著時間的巨輪，卻無法抹去我內心的悸動。回想起民國71年3月21日，我永遠無法忘記那一個刻骨銘心的日子。那天下午，我騎著改裝過的摩托車途經辛亥路，因直向亮著紅燈而停下，而橫向恰也有兩個小學生要過馬路。燈號適於此時變易，他們當中的一個在燈號變換間衝過去了，另一個卻猶豫著要不要跟在同伴後面一起過，就在我剛起動，他卻突然跑了，時空交會間，車子把手被碰歪了。說時遲那時快，我身體往一旁傾斜，還未及回過神來，人已經著地了，當時我已有五、六個月的身孕。剎那間，我腦中只有一個意念──腹中的孩子。義肢卻在此時不聽使喚地使不上力，毫不思索的，我以下巴及雙手去支撐那即將觸地的腹部，結果，為了保護小孩，門牙撞斷了，鮮血直流，雙手皮開肉綻，不忍卒睹。

　　牙科診所裏，醫生面有難色，不知該如何處理我那全斷、只剩一點點牙根的門牙。尤其見我大腹便便，更是多所顧忌。

　　「是不是很麻煩？麻醉藥會不會影響小孩？沒辦法打麻醉藥沒關係，為了孩子，我可以忍受一切的。」雖然不知道麻醉藥是否會對胎兒造成傷害，但我仍然向醫生提出疑問。

　　「我儘可能地降低妳的痛苦。」醫生讚許的點點頭。

　　磨牙的聲音，撕裂著凝重的空氣與人們的心房。為了避免後遺症，醫生並未為我注射麻醉藥，只塗抹少許在牙床表面上。

　　而儘管疼痛不已，渾身是汗，我緊握雙拳，勇敢地接受著治療。

　　女兒的健康更是我一直努力維護的。

　　由於外子的腳殘，是他在一歲多時，因感染了濾過性病毒發燒所致。所以，只要女兒稍有感冒發燒現象，我便有如驚弓之鳥般，既緊張又著急。

　　記得一天夜裏，她突然發燒，體溫急劇上升，滿臉通紅，呼吸急促，不斷地發出痛苦的聲音，把醫學

知識很有限的我，嚇得不知所措。經求救於以開計程車為業的好友，緊急送醫掛急診。

「還好，只是扁桃腺發炎，一般幼兒較容易感染，不要緊的。」早急得直掉淚的我，聽醫生這樣說，才放下心來，也才覺得累。待拿好藥，已經是凌晨兩點多。

一葉知秋，從此我不敢掉以輕心，日常生活上，悉心照料著女兒的飲食起居。自己雖然身殘眼盲，為了讓女兒能夠享受到衛生可口、營養豐富的食物，並避免驚心駭人的便當中毒事件發生在自己家人身上，我排除萬難，不畏寒暑，每天早上親手為女兒準備當日的午餐，以保溫盒裝妥讓她帶著上學。頗感安慰的是，多年來，女兒確也抵抗力強，感冒看醫生的次數，屈指可數，自然也沒有其他方面的問題。但是，人是吃五穀雜糧長大的，誰能擔保一輩子平安無事呢？發生在自己身上的坎坷際遇，實在是我始料不及的。

「世上只有媽媽好，有媽的孩子像個寶，……沒媽的孩子像根草，……」多麼熟悉的歌詞啊！

孩子五歲時，我罹患了無法治癒的「紅斑性狼瘡」疾病，並因病變眼睛幾近失明，而這有如晴天霹靂般，

重擊著我，令我難以招架。難道是「天將降大任」於我嗎？何其諷刺，復何其殘忍啊！在孩子最需要我的時候，老天卻叫我既殘廢、又病重、且失明。呼天喚地，喚不回已經失去的，傷心埋怨，總也無法平復那顆恐懼焦慮的心。

「天啊！我該怎麼辦？叫我如何……」

解脫輕生的念頭經常湧現，尤其是在夜深人靜、午夜夢迴的時候。然而，身旁甜睡的稚齡幼女與痛苦不亞於自己的腳殘丈夫，卻深深牽繫著我。不願意使女兒年幼喪母，成為沒娘的孩子，不應該讓腳殘的丈夫獨自面對生活重擔，暗自泣飲生者的悲哀。並且，一個人必須從困境中走出來，勇敢以對，才是一個了不起的人。我雖不是要做那個了不起的人，但卻必須要做一個盡責的母親，給予女兒完整的母愛，「親自」撫養她長大成人。擦乾眼淚，拋掉悲傷，我再度接受了生命中的另一重大挑戰。

「教與養」真如百年的大工程，非僅衣足飯飽而已，更包括著思想的啟迪、觀念的善誘、與人格發展的導正。而深怕有所不足與缺憾，我更是時時刻刻自我教育、自我成長著。曾經，女兒問我：

「媽，為什麼妳的腳不見了？為什麼爸爸不站起來，都蹲著走？」

驚覺女兒小小年紀，已經開始注意到父母身體的奇特外觀，為此我著實苦惱不已。睡不著的那天夜裏，我終於想到了一個解決的辦法——「百聞不如一見，身教重於言教。」

此後，只要有機會，我便帶著女兒去參加各個殘障團體所舉辦的活動或園遊會，一些殘障朋友更在我的邀約之下，現身說法。

而凡此種種，只希望能藉由親身體驗，使她了解與感受到大伙兒的那股毅力及歡樂，沒有因為身體殘缺而有所不同，同時，生長在殘障家庭是事實，自己的父母也不是唯一身體殘障的，人的身體容或有缺陷，但無損於人格。

參加「徵文」比賽，很意外的，我被肯定了，也領了一筆獎金。

女兒以為我會好好慶祝、請客一番，沒想到我卻一點表示也沒有。她雖大惑不解，倒也不敢多問。直到兩個月後，她從信箱中取出一張由家扶中心寄來的收據時，才恍然大悟我是如何處理了那筆獎金。

　　凡事全力以赴，盡其在我，成就的定義，原本存乎一心。

　　閒暇時我會陪女兒練琴。一首「甜蜜變奏曲」彈下來，悠揚繞樑，歡樂洋溢。幌動間，回眸中，她的一顰一笑，使我開懷，而飛揚的樂聲，流暢的旋律，更觸動著我的心。若當年自己……，那麼，此時此刻會有如此的一幅畫面嗎？難掩內心的激動與滿足，我早已淚水盈眶了。

　　堅持讓女兒繼續學琴，不因進入國中階段，功課繁重而停輟。只因我覺得，功課固然重要，多財多富總也無人嫌，但隨著將來踏入社會，x+y+z 也許有無所用而被旁置的一天，金錢也是飄浮不定、不著根的；然而，音樂或許可以成為她陶冶性情與心靈的知己。更何況，家無恆產，現實的一面也不得不考量。「給她魚，不如教她如何捕魚，但別忘了教她先編張堅固耐用的網。」也是自己該做的，不是嗎？

　　時光飛逝，十三年的歲月轉眼匆匆過去，卻彷彿只是一眨眼的功夫。

　　如今，女兒已經長得活潑健康、亭亭玉立了。人生，就像一首歌，是由許許多多高低不同的音符所組

成。日子，有甘有苦，喜怒哀樂摻雜其中，我與女兒皆不例外。窗外依然下著細雨，想著自己撫育女兒成長的點點滴滴，猶如連續劇般歷歷在目，不知不覺，我的思緒重又跌進了回憶中。

後記：在母親節前夕，藉由此文道出我一顆做「母親的心」，相信它也正是普天下所有母親的一顆共同的心。不管是照顧殘障小孩的母親，或是照顧正常小孩的殘障母親，甚至照顧殘障小孩的殘障母親，這顆心永遠是那麼真切與無怨無悔。同時，感謝外子幫我整理錄音帶，除將它化為文字外，也再三錄音誦讀給我聽，使我得以訂正，沒有他的協助，這篇文章恐怕無法誕生，感謝他。

　　　　　　　　本文獲「1995 全國殘障才藝競賽」徵文組佳作。

　　　　　　　　＜評語＞文筆清麗，感恩，樂觀，理路清楚完整。

稻花香裏說豐年
音樂聲中聽神農

　　朦朧中，耳畔響起陣陣清亮悅耳的鳥叫聲。我眨了眨眼，微光此時也自白紗窗簾透進屋裏來。翻了個身，我下意識地伸手按開枕邊的收音機，主持人熟悉的聲音傳了出來。喔！已五點多了。

　　由於神農電臺在虎尾的設立開播，一年多來，清晨的「咱的農村，咱的愛」，儼然成了我生活中的早安曲。它有鬧鐘般的準時，卻沒有它單調的響聲（想起床的，不想起床的，全給吵了起來），在柔美的音樂歌聲中，傳遞著點點滴滴的知識與訊息，也拉開我一天生活的序幕。

　　「雞鳴早看天」一兼二顧，除了提供我們一天的天氣概況外，也扮演著環保尖兵。而聽覽「農政與農情」，我們可以知道目前農政的現況與趨勢。大家都知曉，「民以食為天，農以耕為業」，我雖非務農，也非

農家子弟，但關心之情不減。我們在自家屋頂上便築有一片「空中花、菜園」，由於收聽神農，得以略知農業方面的知識，種起菜、蒔起花來，倒真是得心應手呢！而隨著季節的變換，我們也播種著不同的種籽，休閒之間自有一番田園樂，更有意想不到的豐碩成果。也因此，我常常可以在「稻花香裏說豐年」。說真的，「稻花香裏說豐年」這個單元，所蒐集的資料真是包羅萬象，令人會心，常常將我的思緒推回到三十年前的時光隧道，總覺得曾是那麼遙遠，卻彷彿又在眼前，叫人聽得心有戚戚焉。而聞夠了稻花香，說完了豐年，一定要再走一趟「空中早市」，才能充分地掌握當天的蔬果、商品行情，做個精明的家庭主婦。

我要說，「咱的農村，咱的愛」這個節目，讓我天天擁有愉快而充實的早晨，正所謂「煮」婦不出門，能知天下事。感謝神農。當然，神農還有其他許多好的節目，像「快樂人生」中的那對鴛鴦水鴨，鴿子斑鳩，既詼諧又逗趣的搭唱，增添了生活中不少的色彩，而「微微笑俱樂部」，讓人聽了不只微微笑而已，……。限於篇幅，只好「節目長不錄」了。

而神農除了做節目外，也經常報導著公益活動的

動態。也因此，在今年 4 月 21 日使我有機會到虎尾，參與一項「愛心園遊會」的活動，讓我能帶著「水里的滋味」——梅花心‧顆顆情‧粒粒愛——與許許多多的朋友，共渡一個快樂的日子。美好的事情總是令人難忘，這件事到現在我還記憶猶新。

還記得那是一個春雨綿綿的星期天，在前往會場途中，車子經過竹山時還傾盆大雨，我心想著：

「糟糕！看樣子今天要泡湯了。」

至斗南時依舊細雨紛飛，著實叫人著急。沒想到，當抵達虎尾時竟有一點點的陽光迎向我。而在活動進行的過程中，更得到老天爺的幫忙，不冷不熱，雨絲也暫告停歇，陽光偶爾也來露臉湊熱鬧呢！有意義的活動，就連老天爺都大受感動。整個園遊會中最精彩熱鬧的一個攤位，便是由神農電臺所熱心贊助的卡拉OK 歌唱大賽，它是整個園遊會的焦點，帶動了會場熱鬧的氣氛，沸騰了每一個人的心。

辛稼軒的「明月別枝驚鵲，清風半夜鳴蟬。稻花香裏說豐年，聽取蛙聲一片。七八個星天外，兩三點雨山前。……」描寫得真好，從水里到虎尾這一路上，處處可見如此風景圖畫，而神農正一幅幅，一筆一劃，

一點一滴的彩繪它，並將之呈現在我們面前，有友如此，可造福了我們廣大的聽眾！神農真的是「農的傳人」，引領著「神農向前行」，走向「美好的人生」。

　　最後記上巧趣一筆：神農電臺正式開播於 1995 年 9 月 19 日，在 FM99.5 頻道播出。好一個 999（久久久），有意思，中國文字的美妙和諧便在此。9 與久同音，而 9 的倒寫是 6，6 反過來是 9，這其中正巧有 6 個 9，表示著神農的成立及未來的道路是六六大順，遠遠久久的。謹以此文祝賀神農週年慶。不！不止週年，而是永永久久的聽友滿天下。

　　　　　　　　本文獲 85 年虎尾神農廣播電臺徵文比賽第一名。

感謝您的愛！媽媽！

　　每一棵幼苗的成長，都需要被細心的灌溉與照顧，才能夠綠蔭扶疏；而每一個生命的誕生，更是在母親耐心與愛心的撫育、教誨下，才得以長大茁壯。不同的成長環境與過程，往往譜出不同的生命樂章。在我四十多年生命的歲月中，便有著一首首值得歌頌的弦律，其中，「感謝您的愛，媽媽」是永遠難忘的一曲。

　　一早，匆匆將女兒送到學校後，便驅車北上。此行的目的，只為了回去探望母親。

　　車子平穩的行駛在寬廣的公路上。車內的空調恰到好處，音樂聲也柔美悠揚；車窗外，無垠的藍天中綴著一朵朵飄移的白雲，藍天白雲底下，是一大片一大片、象徵著希望與充滿生命活力的碧綠，好一個晴空萬里的日子。在那一瞬間，我突然感覺到天地之大與一己的渺小。斯情斯景，觸動了我的心，更觸動了

我記憶深處的角落，思緒在那一刻開始飄浮。兒時的一切，少年時期的我，以至於中年的現在，一個個熟悉的畫面，一段段難忘的情節，彷彿將錄影帶倒帶重播般，映在眼前。

二十多年前，在台大醫院的急診處，一張推床上躺著一個因車禍、腿部受傷、正等待動手術的少女——我。這突發的事件，令父母不知所措。更讓已一貧如洗的家，頓時陷入絕境。經他們四處奔走，一星期後，我才獲得醫生照料、安排病房、推入手術室。

回想三次手術期間，由於傷口受細菌感染，我高燒不退，必須二十四小時不停地施打點滴、更換冰袋、擦拭酒精。母親幾乎不眠不休，寸步不離我的病床。她用心地照顧著我，而這些看護及照料的工作，令她疲憊不堪。尤其在醫院這樣一個吃、洗、睡都極不方便的地方，當她累了，也僅能靠在床邊的椅子上打盹，晚上更只能打地舖。就這樣，她陪我渡過了那一個寒冷的冬天。直到動完第三次手術後，雖然病情總算控制下來，但終究沒能改變我被截肢的命運，為此母親難過不已。

記得有一次，醫生在替我檢查、換藥、消毒傷口

時，他直接用剪刀剪除傷口四周腐爛壞死的皮肉，而我根本無法承受那錐心刺骨的痛，緊緊抓住床欄，拼命地掙扎、叫喊。這一幕，看在母親眼裡，她既心疼，又不忍，唯一能做的只是落淚。

當時我根本沒有辦法抗拒命運的安排，但這並不代表我接受了這一切，只是我一滴淚水也不敢掉，因為淚水全由母親替我流乾了。事實上，截去的雖然是我身上的一條腿，但它割去的卻是母親身上的一塊肉，心中永遠的痛。

從事故發生的那一刻起，一直到我裝上義肢，這段住院療傷約半年的日子裏，我只敢暗自悲傷飲泣。而在母親面前，為了想減輕她的痛苦，我又表現得相當堅強、平靜，但我知道，母親也是常常背著我偷偷的落淚。我對自己說，無論如何，我一定要更努力、更奮發圖強，好減少母親對我的操心。還好，時間是一帖良方，它醫治了母親及我心靈和身體的創傷。一晃二十多年過去了，我現在也擁有溫馨、幸福、美滿的婚姻，相信這是母親最感安慰的事。

為了要照顧我，母親必須新莊、台大醫院兩頭跑。在這期間，她曾有過一次「街頭迷途記」：

　　母親提及有一天傍晚，她煮了一鍋鮮魚湯，希望趕在它冷卻之前送到醫院。不巧那天下著雨，視線不佳，對路況及站牌原本就不太熟悉的她，竟下錯了站，以致找不到她所要換車的地點。深冬天色暗得特別快，又細雨紛飛，母親說她一直辨別不出方向來，只記得附近有座天橋，但天橋這邊有，那邊也有，每一個路口看起來都一樣。結果她走錯再走錯，當一盞盞的街燈亮起時，她更心急如焚了。母親迷路了，迷途在一個陌生的地方。幸經好心的過路人協助，才在晚間八點多鐘趕到醫院。雖然，魚湯涼了，但母親的愛，依舊溫暖著我的心。每回想起母親那次在街頭，慌張著急的情景時，我便鼻酸眼濕。母親啊！母親！要不是因為我，您不會遭此驚懼惶恐的迷路際遇的。

　　其實，母親令我感懷的事，不只是那一份對我較之其他兄弟姊妹，有著更多的照顧和付出而已。母親克勤克儉、吃苦耐勞的精神，更是深深地影響了我。

　　想起幼年時期和母親共同渡過的點點滴滴，更教我刻骨銘心。

　　九歲那年，母親肚子裡還懷著尚待出世的小弟，當時家境十分貧寒，僅靠父親一個人拉三輪車，實在

無法維持一家七、八口的生計。母親沒有怨尤地分擔起大半的責任。那些年，她除了出去打零工、為人幫傭、賣菜以外，還曾替幾戶人家洗衣服。當時雖然只是小小年紀的我，也因環境的迫使，比起同年紀的孩子，來得早熟、懂事，七、八歲起便懂得幫忙母親去撿柴、生火、燒飯了。

那時候我們家沒有自來水，所有的衣服全由我前一晚到雇主家去收集回來，隔天一早再和母親一起挑到離家很遠很遠的溪邊去洗。我印象最深刻的一次是，母親產期將屆，她依然決定要把那一個月份的衣服洗完，對人家才好有個交代。當然，多賺點錢也是主要的原因。可是，大腹便便的她，實在不宜再挑重物，而個子瘦小且年僅九歲的我，也使不上力幫她這個忙。母親靈機一動，想到利用屋角那一輛平日用來安置弟弟們、只剩三個輪子的舊藤車來推衣服。

一個大腹便便的婦人，推著一輛只有三個輪子的舊藤車，上面放著一堆宛如小山丘的髒衣服，右手邊跟著一個瘦小的小女孩，正幫忙扶著那少個輪子的一邊，盡力想平衡整個車身。她們蹣跚、吃力，又得小心翼翼的前行著，在還有露水點點的晨曦中，顯得淒

苦無助。

　　在溪邊的情景，也是我所難忘的。那條溪，溪水清淺，澄澈如鏡，溪邊有許多大石頭。我在一邊的石頭上，先將衣服放入水中泡濕，撈起後，在最污穢的地方抹上肥皂，搓揉幾下，然後丟給在另一邊的母親，她再用力的搓揉，並且用木棒敲打，打出衣服上的污漬來，再放進水中的籃子，源源流下的溪水，便緩緩的將污水沖去。溪旁的那一片竹林，隨著微風，發出沙沙的聲響，並且散發出淡淡的竹葉香，初昇的驕陽，也在這時穿過林間，映在粼粼水波中，為料峭的溪邊，帶來了些許暖意。我現在才明白，原來詩人筆下所常描繪的浣衣女圖，我在小時候便和母親一起畫過了。

　　婚後，上市場的機會多了，常在市場邊，看見頭戴斗笠、手拿一把把青菜的婦人，一臉期盼有人來買的神情，叫賣著：「十元、十元，一把十元，自己種的啦！早上才採的！」總會令我駐足良久，不禁有股統統買下的念頭。

　　因為，這個婦人「賣菜的畫面」，曾經在母親的生命中，有過一段相當長的時間。不管寒冬酷暑，哪怕刮風下雨，她總是風雨無阻，挑著一擔青菜，沿街兜

售。母親便是這樣一點一滴的拉拔我們長大，她幾乎是傾其所有的撫育我們，用盡她所能的給予子女，在我心目中，她就好像是一株歷經風雪寒霜，卻仍屹立不搖的「寒梅」。

　　在離情依依的送別聲中，母親將一包包的東西把整個後行李廂塞得滿滿的。這些看來有形的物質，其實全是母親無形的愛，我帶著它們踏上歸途。回程中，母親今天快樂滿足的笑顏，依舊充塞著我的心房。美麗的夕陽，也正散發出祥和的光輝。海天一線間，感覺母親的愛像大海，我立刻拿出紙筆，記下：

　　　海連天，天連海，

　　　媽媽的情像大海，

　　　流不盡，曬不乾，

　　　全是媽媽的情，媽媽的情；

　　　海連天，天連海，

　　　媽媽的愛像大海，

　　　取不盡，享不完，

　　　全是媽媽的愛，媽媽的愛。

　　想想一路走來，和母親共同擁有過的時光，有甘

有苦，也是我生命中一段雖苦卻美的回憶。它不曾被抹去，也從未模糊過。而這一段段不同的心路歷程，如果可以譜，將會是一首首動人的生命樂章，如果可以寫，也必是一篇篇美麗的詩文故事。

母親雖然沒有讀過什麼書，但觀其一言一行，卻充分流露著踏實誠懇的古意本質，潛移默化中，我得到了啟示：

「人是要面對環境的各種挑戰，不畏艱難，勇往直前的。」

後記：對於母親的感激之情，千言萬語難以道盡，更何況只這寥寥數語。但無論如何，在母親節的前夕，藉由這短短的文章，對母親一生為子女付出由「鹹酸苦澀」交織而成的「母愛」，表達我的謝意。讓我說聲「感謝您的愛，媽媽」，祝福您天天快樂，身體健康。

本文獲「1997 全國殘障才藝競賽」徵文組第一名。

＜評審的話＞寫母愛的偉大，沒有悲情，沒有怨尤！文字清新流暢平穩！

擁抱春天的彩蝶

　　生命的誕生，是「人生道路」的開始，每個人的眼前，都有一條路。只是，有人舉步艱難，有人順利平坦；有些人很短暫，有些卻走不完。而我呢？我的人生所面對的，又是一條什麼樣的路呢？有這麼一句話說：「人世間，凡事有得必有失。……」是呀！好一句「有得必有失」，我不知道這句話對我來說，是諷刺，抑或是最佳的詮釋——我得到了疾病，卻失了光明。

　　　　▲　　　　▲　　　　▲　　　　▲

　　深冬的晨曦，一早，便撒滿一地，亮亮的，暖暖的，一點也沒有冬的寒意，只教人感覺到溫暖與舒服，像是春天已經來了呢！

　　我一如往昔的，陪伴外子走至院子，看著他戴上安全帽，騎著摩托車，在道聲「騎車小心」之後，揮了揮手，目送他上班去，然後，將大門關妥。這時，

我會在這一塊小小的庭院中，駐足逗留些許時光，為一盆盆可愛的小生命澆澆水，為一株株嬌美的花兒們洗洗塵。瞧著一顆顆亮晶晶的水珠，沾在它們身上，那種綠意盎然、朝氣蓬勃的模樣，我總禁不住的歡愉起來。欣見生命的成長，真是喜悅呀！

這塊小小的園地，是我們這些年來用心經營的，院子雖不大，但是，鋪了草皮，也種了許多我喜愛的植物，有：茉莉、玫瑰、曇花、太陽花、芙蓉、觀音竹、方竹，與數種觀葉植物……，園中，還有一棵永遠長青的柏樹，以及那一到冬末春初便盛開的杜鵑，而矮籬下尚有許多色澤艷麗、五彩繽紛的牽牛花，可說是熱鬧滾滾呢！這裏，是我精神寄託的所在；也在這裏，我拉開了一天中生活的序幕。

除了下雨天之外，我每天都是如此地照顧著它們。看著它們慢慢的成長，心裏頭著實快樂，也很溫馨。雖然，有時也備感辛苦，但我知道，任何的享受，都是必須先有付出的，尤其是精神層面的領域，更是如此，總必須先有耕耘與經營，才可能有所收穫的。誠然，美麗的花兒、可愛的草木，處處皆有，但若非親自照料它們，我一定無法產生那份帶有情感的喜

悅，也因此，我樂此不疲。

這天，我依舊坐在那兒。

突然，眼前幾點色彩鮮明的影子在閃動著，朦朦朧朧間，我本能地叫道：「啊！蝴蝶！」在那一刻，我的內心是歡呼的。我停止了澆水的動作，屏息地注視著牠們。而牠們似乎無視於我的存在，依然自在地在我模糊的視線前，婆娑起舞著。牠們一會兒東，一會兒西，忽高忽低的，看得我目不暇給。儘管我看得很吃力，但我卻可以想像，牠們舞動時的樣子，一定很美。不知蝶兒是否曉得，我是如此沉醉地在欣賞牠們的丰采。

忽然，那幾點影子不見了，不在我眼前飛舞了。我正有點悵然，繼續著未完成的澆水動作時，依稀裏，卻見其中的一隻黑蝶棲息在那朵鮮黃的花朵上。這一幕更叫我動容不已。放下水管，我靜靜的看著，深怕驚擾了牠，而牠也靜靜的停留在花朵上，將這靜謐如詩的畫面呈現在我眼前。由於距離極近，黃花黑影，兩種色澤強烈分明的對比，使我更想看清它們的真與美。可惜，我手邊沒有相機，自己也不再有攝影的能力了，否則，我一定將這美麗、可遇不可求的畫面留

下。

　　想著想著，一股遺憾情緒襲上心頭，快樂喜悅的心情也黯然起來。蝴蝶的飛舞停息，勾起了我一段不堪回首的往事……

　　那年，時序正值盛夏的七月天，炙熱的太陽，火辣辣的，活像一團火，彷彿要將大地燃燒起來似的。然而，我的心卻始終籠罩著刺骨、冰涼的寒意，冷得我直打哆嗦。只因為，醫生告訴了我：

　　「柯惠美，妳的驗血報告已經出來了，檢驗的結果，證實妳罹患的是『風濕性紅斑性狼瘡』……」

　　沒想到，二個星期後，我又因為此病的併發症，喪失了寶貴的視力。

　　儘管，主治大夫周醫師，十分和藹可親，也一再鼓勵安慰我，他說這種病，雖無法治癒，卻可藉由藥物，獲得極良好的控制。但是，在那一時片刻，我只感覺晴天霹靂，彷彿被巨雷擊中般，根本無法承受這突然降臨的厄運。

　　經過一個多月的住院治療，醫師告知我可以出院了，以後只要按時服藥，定期回院檢查即可。

　　能夠出院，本是件令人高興的事，但我哪裏有喜

悅呢？拖著病體，我離開了三軍總醫院那高處不勝寒的十一樓病房。在大門口等待外子開車來接我的時候，愁苦的滋味，隨著八月的秋風吹過來，酸酸的，澀澀的，我不禁仰首望天，無語問白雲，不知未來的人生路該如何走。

　　一個中途失明的人，無論是心理上的調適，或是生活的重新學習及適應，都不是明眼人所可以體會的。在居家療養的日子裏，許多不適與困難，再三的發生。家中，不是出現我歇斯底里、亂發脾氣、咆哮怒吼的場面，便是氣氛像罩著一層低氣壓似的沉悶。而這一切的一切，只因為我病了，我盲了。

　　白天我如此，而當夜闌人靜，當每一個人都進入了夢鄉時，獨獨我沒有絲毫的睡意，不但享受不到睡夢中的甜蜜，反而要去承受身心的苦楚。那種交戰的掙扎與煎熬，實非筆墨可以形容。

　　凝視窗外，一片漆黑，止不住的淚水，像斷了線的珍珠，不聽使喚的落下。我喃喃自語。我還有明天嗎？我還可以有希望嗎？

　　耳畔響起丈夫深情的鼓勵話語，句句字字，觸動著我的心。

　　他將我摟入懷裏，像在撫慰一個小嬰兒般的拍拍我的肩膀，柔聲卻堅定的對我說：

　　「我知道妳很苦，也很難過，但是，有我陪妳一起面對一切的苦厄，妳一定要勇敢、堅強起來，厄運終會過去的，不要怕，醫生會幫助妳，我也會好好的照顧妳、陪伴妳、愛護妳的。若妳想哭，就好好的痛哭出來，不要獨自垂淚飲泣，那樣不但無濟於事，反而會讓病情惡化的。……」

　　是啊！生病的人雖然是我，但外子卻也是始終與我一起承受著這份痛苦啊！我完全忽略了他所面對的，也絕不亞於我呀！在我最痛苦無助的時候，在我傷心欲絕、哭得死去活來的當兒，是他將工作暫放一旁，全心全意的照顧著我的生活與心情；在我歇斯底里、咆哮發洩的同時，也是他以默默承受的方式來安撫我。拭去淚水，我重新面對自己。也許我真的應該好好的養病，振作起來，一切有他，不用惶恐，不要害怕。

　　「可是，現在的我，是一個既病又盲又殘的人，再也沒有能力協助你了，這與廢人有什麼兩樣，活著只會拖累你，成為你一輩子甩不掉的包袱啊！乾脆讓

我……」

不等我把話說完，他立刻打斷了我：

「傻瓜，不許妳再胡說八道，胡思亂想。生病不是妳的錯，一切的不幸遭遇，也自有我們一起去面對。人是吃五穀雜糧的，誰不生病，只是妳的運氣比較差而已。妳不但不是我的包袱，不是我的累贅，相反的，妳是我的力量，我的精神支柱呀！

何況，有那麼多的人愛妳、關心妳，為什麼妳要判自己死刑，放棄生存的權利呢？妳一定要堅強、勇敢的與病魔挑戰，我會陪妳好好的打贏這一仗的，千萬不要多想，不可以有輕生厭世的念頭。妳一向是不服輸的，不是嗎？而且，妳不要忘了，我們所經營的打字行『同心』，名字也是妳取的，既然我們曾經相約要同心協力，攜手同行，妳怎麼可以丟下我不管呢！

還有，我們的寶貝女兒，那麼小，那麼可愛，她更是需要妳這份完整母愛的照顧及呵護呀！妳忍心丟下她嗎？」

外子的一番話，句句堅定了我快喪失的信心與勇氣。他讓我重新點燃即將熄滅的火焰，進而了解到生命的價值，及存在的意義。

　　記得有一次，他必須出去與客戶接洽業務。臨出門時，他對女兒說：

　　「來，小儀，爸爸跟妳說，爸爸現在要去辦點事，還要到客戶那兒，可能會晚一點回來，妳可以幫爸爸一個忙嗎？好好的陪媽媽，照顧媽媽，不要吵她。最重要的，是要當媽媽的眼睛，幫媽媽拿東西，找東西，爸爸知道妳很乖，也很聽話。……」

　　「好！」女兒似懂非懂的，對著父親答應著。

　　天啊！外子臨出門都如此牽掛著我，對一個才四、五歲大的孩子做如此的叮囑。假寐的我，怎不心痛呢！我可憐的孩子，辛苦的丈夫，是我讓你們承受了如此的負擔及牽掛啊！望向他離去的背影，我心如刀割，強忍的淚水，終於像潰堤的洪水般，排山倒海，奪眶而出。

　　心疼，不捨，使我激動地止不住傷心的哭泣。女兒被我這突如其來的舉措嚇著了。

　　「媽媽，妳不要哭嘛！妳跟爸爸說不哭的，……妳不要哭嘛！……」

　　女兒稚情窩心的話，使我哭得更加劇烈，我將她摟入懷中，母女倆擁泣著。如此悲淒的過了好一會兒，

我才捧起女兒的臉蛋，擦去自己，也擦去她的淚水。

「好！媽媽答應妳，不再哭了。」

然而，腦際一直浮現剛才外子離去的背影。我很清楚的知道，壓在他肩頭上的那一份擔子有多重。我心愛的丈夫，一個自幼罹患小兒麻痺症，只能靠著雙手移動雙腳蹲行的丈夫，我怎忍心、怎捨得讓他一人獨挑這沉重的擔子呢？外子蹣跚、無助，卻又不得不咬緊牙繼續前行的背影，讓我堅定的告訴自己，無論日子多苦，路有多難走，也一定得撐下去，走下去。

▲　　　▲　　　▲　　　▲

微濕的眼角，喚回了我的思緒。

剛才的蝶兒，不知是尚在花欉間，還是早已飛不見了？我不知道！只感覺黃花上的黑影不見了，只剩下更明亮、更溫暖的陽光陪伴我。

我在想，這幾隻美麗的蝴蝶，是否知道，牠們曾有過一番掙扎與蛻變，現在才能夠自在地展翅飛舞？

其實，我又何嘗不是一隻經過掙扎及蛻變的蝴蝶呢！在那一段期間，是外子的情及愛，是外子的柔情萬語，在我即將作繭自縛的當兒，給我破繭而出的助

力，才能成就今天的我，如一隻美麗的蝴蝶，永遠穿梭飛舞在百花盛開的春天裏。

後記：我本是一位肢障者，復因紅斑性狼瘡疾病，導致視網膜病變、視神經萎縮而失去視力。本文是我在生病期間，與病魔搏鬥，其中的一段心路歷程，也是我們這一對殘障夫妻，在遭逢變故時，相互扶持、共同面對的點點滴滴。雖然，我目前仍需天天服藥來穩定病情，但生活充實，無論在生理上或心情上，皆讓我有喜獲重生的感覺。文字呈現，除了自勉外，也盼能藉由這個真實的故事，來與同樣遭逢不幸的朋友們共勉。同時，謹以此文，感謝外子，在這漫長的十幾年間，給了我這麼深、這麼真的情與愛，以及無微不至的照顧與呵護。謝謝，添貴，走過荊棘，春天一定會為我們停留的。

本文獲「87年文建會第一屆全國身心障礙者文藝獎」散文組佳作。

一段未曾謀面的友誼

　　一大早，電話便「鈴！……鈴！……」的響了起來。我邊走向電話，邊猜想：一定是惠珍打來的。

　　「喂！你好！……」果然不出我所料，來電者正是她。

　　還好嘛！今天從電話那端傳來的聲音，還算不錯，交談中也不時地聽見她難得的笑聲。這種現象是我樂見及欣慰的。

　　與惠珍的相識相知，至今已經整整三年半了。但是，我倆卻從未謀面過。想想，這實在是頗為奇妙的一段因緣啊！

　　我們不是筆友，居住地又遙隔兩地（她住在北臺灣的宜蘭市，而我的家在臺灣中心的南投縣水里鄉），且由於兩人都同樣是視障者，本就困難於自行外出活動或探訪朋友。所以，想見面是想見面，但這個心願卻一直沒能實現。然而，我們不只相識了，更建立了

深厚的友誼。

　　記得當年，中廣服務網在下午兩點的時段，有一個名為「窗外有藍天」的節目，其中的一個單元——「空中成長團體」，其製作型態，是以 call in 的方式，讓聽眾透過電話，分享生活中的點點滴滴及想法看法，進而藉由交流溝通而彼此成長。舉凡遭遇困難、走不出陰霾、得不到援助或煩惱無人分擔的朋友，都可以在這塊園地裏，得到情緒的完全抒發。而這個節目，之所以能夠激發共鳴，交流於空中，除了它具有「生命線」及「張老師」的功能之外，主要在於 call in 者更有著一份「同理心」的相互關懷情感使然。

　　而我是那個節目最忠實的聽眾，也經常 call in 進去與大家分享我的生活點滴。當時，我曾在節目中述說自己的親身遭遇——一個眼盲、體病、又腳殘的人，是如何地突破一層又一層的陰霾與障礙，如何面對自己不幸的際遇，如何正向轉念挫折感，又如何在心境上轉變成對人生無怨無尤的樂觀開朗——在那陣子引起了很大的迴響，許多朋友紛紛自主持人陳小姐處（經過我的同意），取得了我的聯絡電話。就這樣，藉由電話的神奇力量，從陌生到熟識，一段段真實的友誼被

建立了，而惠珍與我便是其中的一個故事。

　　三年多來，我與惠珍就是以這種方式來交往談心，彼此互換著生活中的喜怒哀樂，我們的友誼，也有如雪花片片般的堆積起來。至今，其深厚堅實的程度，暖暖陽光不僅未能融化它，反而將之照射得閃閃發亮。宜蘭至南投，這一段遙遠的距離，長途電話費雖然昂貴有價，但我倆的友誼，卻已達無價之境了。也因為經常電話聯絡，我漸漸知道惠珍的內心是痛苦的。

　　惠珍的眼睛，因為血管瘤的影響而慢慢看不見，也因此，她終日生活在徬徨擔憂之中，心中的苦悶憂鬱，沒有人可以了解。年邁的雙親，已經無力照顧她這個出嫁的女兒；先生則整天忙著藝術畫廊中賣畫、裱褙的工作，既無暇分擔她的家務，當然更遑論紓解她的情緒了；而兩個孩子年紀尚小，也根本不識大人愁滋味。所以，求助無門的惠珍，鎮日惶恐不安，心情常常是跌至了谷底。直到我們的相識，她就好像是黑夜裏漂浮在海上的孤舟乍見燈塔般，生活中似乎又燃起了一絲希望。不管早晨，哪怕深夜，我猶如她多年的知己，透過電話，娓娓向我訴說著她的害怕，而

每每也在我們長談之後，她才帶著寬慰的心情收線。
正因為我完全是以同理的心情，去感受她的處境，默
默聽她傾訴苦悶、吐露心聲，甚至接受她不知如何面
對未來的哭泣難過。現在，真正令我欣喜的，是她終
於能夠在我們一次又一次不惜昂貴電話費的交談中，
接受我的支持、鼓勵與關懷，從而有了坦然面對自己
的勇氣。

　　我不全然是以安慰的方式去疏導她的情緒，盡說
一些不痛不癢的話。絕大多數的時候，我是舉自己做
例子。我說：

　　「惠珍，其實妳只不過是眼睛不方便而已，不像
我，除了看不清楚外，又只剩一隻腳，並且，被慢性
病魔纏身，必須終生吃藥，控制著病情不惡化，才得
以保命，所以比起我來，妳是幸運多多了。」

　　我又對她說：

　　「人，難免都有遭受挫折不幸的時候，但唯有面
對它，才能解決問題、化解困難。同時，最重要的，
是一定要不斷的告訴自己：『我不一定是最不幸的
人，我一定會有辦法去克服、突破這困境的。』有
時候，就算明明知道，那是一種自欺欺人，只是在

安慰自己的話，也必須這麼想、這麼做。因為許多時候，生命的轉彎處，就在我們的一念之間，只要那一點被突破了，我們就會有豁然開朗的感覺，眼前的路雖然崎嶇，也一定會峰迴路轉，呈現柳暗花明又一村的面貌的。」

雖然，我無法看到她的表情，但我知道，惠珍同意了我的說法及做法。我這些話，對她或多或少是有一些影響作用的。

我並介紹她聽「有聲書」來充實豐富自己的生活，來轉移淡化自己的悲傷。我說目前有好幾個地方，都可以免費借到一些自己喜歡的書籍，好些公益團體，都很照顧身心障礙者的精神生活。他們不斷的提供、錄製、出版各類有聲書，這對盲胞來說，實在是一項非常好、非常方便的求知管道。每每，惠珍聽我頭頭是道的講，話語一串又一串，像在推銷什麼似的，不免會問我：

「惠美！妳好像什麼都很清楚嘛！是怎麼知道的？」

我回答她：

「聽有聲書獲得的呀！這也就是妳常問說，什麼

事令我那麼開心？每次聽到我的聲音時，好像我都過得很快樂嘛！其實就是這個緣故。因為有聲書實在是包羅萬象啊！」

　　是的，有聲書不但包羅萬象，也無遠弗屆，它不僅成為我生活上相當重要的一部分，我並因為接觸它，從而在自己坎坷的人生旅程中，有了燦爛火花的迸發。每當聆聽一首首動人的美妙樂曲，欣賞一篇篇嘔心瀝血的感人文章，我內心都悸動不已。中途失明的我，原本以為一切都將歸於黯然了，沒想到，激動的情緒過後，卻在「生命的成功啟示，一篇文章就可能改變你的一生」的觸發下，尋找到了生命創作的新方向，得以重新面對自己、審視自己，也做了一項適合自己的調整，利用殘存的視力，盡己所能的去完成一個盲者所能做的。實在是做不來了，也不再像過去那樣的苛責自己，許許多多的觀念，不再那麼固執己見，許許多多的做法，也盡量思考他人感受。因為，當事者的自己，遭遇創痛磨難，固然情何以堪，但是，摯愛的家人，也同樣不好受啊！所以，為了自己，也為了所有關心自己的人，我學習不輕易放棄。與其天天憂愁滿面、鬱鬱寡歡，不如勇敢面對，建立快樂。

也因為如此，我現在的生活，是過得既充實且愉快。

藉由電話，我也經常把我快樂的生活感覺或有趣好笑的事分享於惠珍，令人高興的是，她也會開心的回應我。不過，她常常抱怨說：

「真討厭，我們兩個住這麼遠，要不然，我一定天天跑到妳家去，因為跟妳講話實在太有趣了。妳不知道，每次我跟別人說我的事時，他們總會說我想不開、鑽牛角尖等等的，叫人聽了只會更加惆悵、難過。哪像妳，不但不會數落我，又願意聽我講話，還會替我分析心情惡劣的原因，教我如何調適，甚至告訴我有關眼睛不適的處理，及如何去諮詢、求診……唉！不能再說了，不能再說了，電話費超次太多又會被罵的。……哎呀！都是妳啦！住那麼遠，為什麼不住在我家隔壁呢？」

明明就要掛電話了，她總又會拉拉雜雜的丟過來這堆話，非把我惹得啼笑皆非、笑痛了肚皮不可。

「喂！小姐，這是我的錯嗎？」

然後，我們才在哈哈大笑聲中，意猶未盡、不捨又不得不的收了線。就這樣，在彼此的共勉互勵之下，惠珍變得開朗樂觀起來。她同時體會到，快樂的生活

感覺，真的是要靠自己去營造的，盲朋友也一樣有很寬廣的天空，可以任由我們遨遊與飛翔。展鋪在我們面前的，也未必盡是崎嶇難行的路，一切的一切，但看自己如何規劃，如何去創作它而已。

　　每當我獨坐窗前、燈下，想著生活中許許多多人事物的當兒，總會想起與惠珍所建立起的這一段友誼來，想著想著，歡愉的感覺便油然心生，全身也像流過一股暖流似的，令人舒暢無比。如此奇妙的感覺，除我之外，別人恐怕很難體會。說實在的，在這繁忙的時代，幾乎每一個人的生活腳步，都是那麼的匆促，人與人之間，好像連握個手或打聲招呼都來不及似的，再加上厚厚的水泥牆，牢牢的鐵門、鐵窗，也在在拉遠了人與人之間的距離，對門既不相識了，那麼，期待相互關懷便成了一種奢望。每每想起「共乘同一座電梯，進出同一扇大門，卻經常見到的是一張張疲憊的臉孔，非但面無表情，還多罩上了一層冷漠，將人性本善的一面，給掩蓋、隱藏了。」這種存留在內心對大都會區的印象，我至今記憶深刻，而與之對照我與惠珍的情誼，便倍感後者的親切及溫馨。雖然我與惠珍都只是平凡的小人物，沒有非凡的成就，也沒

有傑出的表現，然而，我們這段有如潺潺流水般的友情，不但沒有將人性「善」的一面給隱藏起來，更把人與人之間的「真」也呈現了，而這種感覺是「美」的，不是嗎？

　　期盼我與惠珍這樣的友情故事，也能發生在許許多多朋友的身上，使更多更多的人，都願付出真摯的關懷，使人與人之間不再那麼疏離冷漠，社會更加祥和溫馨。

後記：我在少女時期的一場車禍中受創，而失去左腿。婚後不久，復因罹患紅斑性狼瘡疾病引致視網膜病變，失明至今已十一年。

　　　　　　　　　本文於 87 年獲得中華民國視覺障礙人福利協會「關懷與期待」首屆明盲徵文交流賽社會組佳。

化腐朽爲神奇
有機成果的分享

夢想的實現

　　喜歡蒔花弄草，一直是我很大的興趣，常想，若有一天，餐桌上一碟碟的蔬菜，是來自我的親手栽，那一定是件令人既興奮又神奇的事。以前在臺北時，住的是租來的公寓，想要種菜根本不可能。現在雖遷居水里鄉間，依舊沒有一處空地可讓我圓夢。然而，明知它不容易實現，我卻未曾或忘。

　　一日早晨，我上到二樓頂，只見四周景色優美，卻與腳下那空蕩蕩的樓頂平台，形成了強烈的對比。站了片刻，我突然靈光一閃：

　　「咦！這不正是絕佳的地點嗎？只要好好的規劃設計，應是可以變成一塊實現我種植夢想的園地來。」

　　我將此構想告訴外子，得到他的同意與支持之

後，我們決定自己 DIY 進行整建。

　　首先，我們買來水泥、沙子、磚塊與所需工具，利用家務之餘及假日閒暇，將之化整為零的往二樓頂搬，外子並客串起水泥匠，我則充當小工，築起了「空中菜園」來。數星期後，沿著樓頂女兒牆邊，幾個簡易花壇形成了。接著，買來一車斗泥土，也一桶一桶的往上搬。就這樣，零零碎碎，也記不得歷時多久，我們終於完成了這項「工程」，開始準備種植。想到沒多久就可以信手拈來自己所種的蔥薑蒜與一把把現採的新鮮蔬菜，我便滿心期待著。

　　撒下的種籽發芽了，雖然稍嫌稀疏，我仍然欣喜地勤於澆水，每天觀看著它們。可是，經過數日，卻看不到它們繼續成長。

　　這種現象，令我百思不得其解。

　　「奇怪！不是天天都有澆水嗎？陽光也很充足啊！莫非……還是……」

　　我自忖著，心中一個個疑問隨之產生。

　　「不恥下問」是尋找答案、解決問題最直接有效的方法，剛好左鄰右舍絕大多數是務農人家，耕作、種植的知識和經驗，都很豐富，我便登門向他們請教，

並針砭問題所在，對這塊「園地」重又作了調整與改變，也重新播種，這次終於有了收成。

當第一盤現採的小白菜端上桌時，全家人歡喜興奮的心情溢於言表。往後，我們便經常吃到各式各樣自家種的蔬菜。

化腐朽為神奇

對我而言，雖然視力上的障礙，在操作家務上有相當程度的困難，但由於我極為重視家人的健康與衛生均衡的飲食，所以堅持家中一定要開伙。也由於是天天做飯的關係，故所撿摘去除的殘枝敗葉，削去的瓜果皮渣極多，一個偶然的機會裏，得知這些「垃圾」，甚至是煮過的咖啡渣、蛋殼、木屑、稻殼、打豆漿的豆渣等，均可將之收集起來，製作成良好的有機肥料。

我懷著姑且一試的想法決定收集，至今也經過了許多年。自從使用了這種由垃圾轉換而成的有機肥之後，我確實看到了它化腐朽的神奇效果。它不但沒有化學肥料使用久了土壤酸化、變硬的缺點，反而能使其鬆軟，有利植物的生長，同時收集的過程中，所產

生的液體，更是最佳的天然液肥，經稀釋後噴灑於葉面上，也可防止病蟲害。好處之多，超乎我原先的預期。而收集日久，也希望能盡一己之力，綠化環境，還給地球一片淨土。

　　雖然我知道，個人的力量是非常的渺小，不過我相信，藉由宣導，人與人之間相互影響的力量是不可忽視的。有時連自己都難以置信，我竟也能種出一個個飽滿碧綠有如翡翠凝玉的絲瓜，一條條潔淨晶瑩直似珍珠鑲成的苦瓜與玲瓏可愛的小黃瓜，一粒粒鮮紅艷麗宛如紅寶石的聖女小番茄，和一棵棵綠意盎然的現採蔬菜來呢！

　　尤其，令我們興奮的是，去年春季所種的青椒，更是大豐收。親友們在知道我們只種了十六棵，並且是種植在花壇中，在完全沒有噴灑農藥的情況下，一整季下來，竟可採收五十多台斤之後，都嘖嘖稱奇。

　　在各種植物成長的過程中，每回幾月幾日下苗，幾月幾日採摘第一顆，至幾月幾日完全採收完畢，我們均做了完整的紀錄，外子並在不同階段用相機一一將之拍下，留下美好的回憶。值得一提的是，每逢颱風季節，高漲的菜價，也從沒困擾過我，因為園中的

紅菜、地瓜葉、小白菜、空心菜、九層塔、韭菜與青蔥等，總能適時地供應我們的所需。

支持的力量

外子並非出身農家，從未接觸過田土，加上他自幼罹患小兒麻痺症，對種植更是興趣缺缺。哪怕只是陽台上的盆栽也甚少碰觸過。然而，因為我對栽種花木有很濃很濃的興趣，他是不忍我失望，為了協助我、滿足我的狂熱，才學習接觸的。如今，他不但種出心得，也助我實現了差點必須放棄的夢想來。

利用星期例假日及每天的晨昏，我們同心協力照顧著這一處小小的園地。外子負責施肥、花木修剪、芭樂套袋等工作，我則負責打掃、清理雜物、收拾農具等，至於蔬菜收成後的鬆土、除草、堆集有機肥則一起進行，如此分工合作下，園子一年四季始終呈現著一片欣欣向榮的面貌。

有時候鬆土整地時，外子見我全身沾滿泥土，滿臉汗水，卻又樂此不疲，一鏟一鏟的翻動著，便調侃我說：

「瞧妳一付農家婦的模樣，既然這麼愛種東種西
的，當初真應該嫁個做田人才對。」

「哈！那你就錯了，業餘的和專業之間的差別，
是十萬八千里呢！」

我們總是這樣邊做邊互相打趣，倒也其樂無窮。

坦白說，種植的確是件不輕鬆又很專業的事，雖
然我只是業餘的，仍常常感到十分辛苦，尤其僅存的
視力又逐漸在退化中，好幾次都想放棄不做了。但是
隨之又想，倘若因此而放棄，我不但少了活動筋骨的
機會，家人也不易吃到健康有機的蔬菜瓜果。矛盾的
心情有如鐘擺似的。外子看出我的兩難，安慰我說：

「沒關係，一切由我包辦，妳只要在一旁陪伴就
好了，只要我們還能動，能做多久算多久，凡事雖要
未雨綢繆，但也別想得太多，徒增不必要的困擾。」

他總是可以從我的一顰一笑，及舉手投足間，洞
察我的失意、沮喪或歡笑，也能夠適時的安慰、鼓勵、
協助、支持我所做的任何一件事。這種心細如絲的觀
察，令我十分的感動。我能擁有這般多采多姿、繽紛
燦爛的生活，外子居功厥偉。在各種瓜果成長的過程
中，他總會一一為我解說，並拉著我的手說：

「妳來摸摸看！」

我何其幸福，能夠擁有外子這份深深濃濃的情與愛，沒有他的支持及協助，我不可能可以擁有如此如玫瑰般的人生。

成果的分享

一個假日回臺北，採了三斤半的青椒及一大袋的聖女小番茄送給大嫂，事先我並未告訴她，這些是我們自己種的。她說：

「這麼漂亮的青椒、番茄，妳一斤買多少錢？」

「妳猜猜看！」

後來她知道了，直呼不可思議，我也很開心的與她分享那種種的過程。兩天後回來，竟一口氣又採了七、八斤。哇噻！我簡直快樂翻了，我對外子說：

「快快快！把相機拿來，這麼豐碩的成果，若不拍照存證，哪天我逢人便說起，無憑無據的，人家一定會說我吹噓。」

又過些時候，好友淑鈴來訪，我們閒聊一陣後，我對她說：

「走！我帶妳到樓頂去看些東西。」

一打開門，淑鈴乍見一棵棵結果纍纍的青椒與番茄，驚呼道：

「哇！惠美，妳是施什麼肥啊！怎麼可以種成這個樣子？」

我遞給她剪刀：

「來，妳自己剪。」

「可是我不知道哪一個可以剪呀！」

「沒關係，挑比較大的就好。」

她邊剪，我邊又將過程與她作了一次分享。下樓後，我拿出磅秤說：

「抱歉，請妳自己秤秤看共多重，因為我在做紀錄。」

淑鈴哈哈大笑說：

「惠美！妳真的很懂得過生活耶，實在真該多跟妳學學。」

她離去時，帶走的不僅是一公斤的青椒，二台斤的番茄，更有我的喜悅及一份小小的成就感。

送冬迎春的，一晃數年過去了。現在的樓頂，已成為一處小而美的休閒處所，菜園也從簡易花壇，變

成較有空中花園的味道了。外子在我們經濟比較改善時，僱請專業的泥水師傅重新修築，為求防水與美觀，花壇不但採懸空設計，並貼上白色二丁掛磁磚，樓板表面則貼淺綠色的，四週的女兒牆另漆以米色漆，同時裝設了數盞室外美術燈。在角落，我們自釘了兩座白木架，右側是紫色九重葛的家，左側則輪流給絲瓜、苦瓜與小黃瓜住。凡是參觀過我們樓頂這塊園地的朋友，莫不驚訝萬分，特別好奇於都是肢障的我們，是如何將土搬上來，又是如何管理的。

　　經過八、九年來的耕耘，目前樓頂的成員，除了各類的瓜、豆、蔬菜外，常年性的果樹類有：檸檬、芭樂、桑椹、釋迦、柑橙、臍橙；花類有：九重葛、茉莉花、桂花、玫瑰花、曇花以及唐竹、方竹、與觀音竹等，可謂熱鬧滾滾。我們曾在仲夏曇花即將綻放的夜晚，邀約三五好友於此品茗，一起守候它那含芬吐蕊的姿容，月光下的樓頂還真是美侖美奐呢！

　　　　本文獲得 90 年文建會「第四屆全國
　　　　身心障礙者文薈獎」散文組第三名。

清新鮮好

◎愛亞（評審短評）

　　「身體有缺陷就安份一點，少惹麻煩。」大約是許多身障者自我約制的一項條例，但因此己身即先將自己「特殊化」，便很難真正進入一般人的世界。

　　本文作者視力障礙，在操作家務上已有相當程度的困難，卻堅持家中天天開伙，並自製環保堆肥，且建了「空中菜園」，一日一日耕作、記錄、收成起菜蔬來，實在難得的事。

　　作者文字毫不賣弄，一如伊所植菜蔬，清新、鮮好，味道淡中有勁，溫馨和暖。

　　作者除視障外，丈夫俱為肢障，但夫妻相互扶持體諒，愛意溢於言表，令人喜歡。

　　最後兩人還將菜園的一角造成花園，常和朋友品茗聊天，在鄉居生活中平添無限幽趣。

　　身殘身健都是一生，懂得好好度日就是成功。

　　只是有些擔心，這位居水里的空中菜園是否安然未被颱風水患摧折呢？

　　謹此祝福！

水里住屋頂樓空中菜園摘蘿蔔

後　記

　　這本《又見蝴蝶飛舞時》集結成冊時，我已 67 歲了。

　　如果我可以活到 105 歲，那 35 年的歲月，是我三分之一的人生，也是我罹患「SLE」的時間。我不知未來的生命還有多長，但是顯然地，我還是必須與它和平相處下去的。

　　散文集中，我一直都有提到它，囿於當時比賽字數的限制，無法於文章裏詳述自己整個生病及治療過程中的種種。今書將成，補寫此「後記」以為續貂。

　　SLE，人稱「千面女郎」，是一種全身性的慢性疾病，我也因此持有一張健保局核發的、永久有效的重大傷病卡。

　　原本我與外子一起共同經營一家「同心」打字印刷行，口碑頗佳，業務量很大。每個月除了證券公司的月刊、建築師事務所的都市計畫簡報書冊外，每年

到了暑假，更是忙碌。因為這期間，我們所服務的對象，都是博碩士學生們的口試論文，而他們的口試時間是耽誤不得的。

雖然我們僱有幾個打字小姐，也有一些家庭代打，可是她們時間一到就下班了，為了能夠第二天如期交貨，我倆經常是通霄達旦的趕工，一天當兩天用。

因為家庭、工作、業務，一根蠟燭多頭燒，長期操勞過度的結果，我病倒了。頓時，打字行所有的內、外事務，只能讓外子一個人去面對了。而他白天忙於工作、工廠、客戶，四處奔波，每每都必須等到打字小姐下班，安排好一切，再將當時未滿五歲的女兒託人照料之後，才能夠到醫院陪我，看看我有沒有什麼狀況及需要。因此，我都是獨自一人去面對的。

記得，民國 75 年罹病時，醫院一住就是一個多月，至 81 年的六年期間，我前前後後，進出醫院檢查、住院非常多次。

有一次，我眼睛開刀。開刀完之後，從恢復室清醒時，護士小姐問我：

「柯惠美，妳的家屬呢？」

一聽她這樣問，我哽咽的回答：

「我沒有家屬陪我來開刀。」

她說：

「喔！那了解了，我會協助妳回病房的。」

在後來的幾年內，我也時不時有一些狀況出現。因為「口乾舌燥、眼睛乾澀」，回診時告訴醫生我的現象，經抽血檢查，證實我併發「休格蘭氏症」（乾燥症），口腔黏膜比一般人的少。

另外我又合併「雷諾氏症」。身體時不時這邊不舒服，那邊不舒服的，舉凡跟免疫系統相關的症狀，我幾乎無一倖免。

我也極易被感染。一次，剛好碰上星期假日，我的腰部出現了水疱，刺痛癢難耐，經就近到診所掛號，醫生說這是帶狀疱疹，他在開藥給我的同時，囑說：

「妳這個滿嚴重的，妳還是再到大醫院再看一下。」

水里醫療資源缺乏，所謂的大醫院，指的是台中的中國醫藥學院附設醫院及榮總（不管是搭火車或公路局國光號，一趟車程要二個小時以上）。因為醫生考量我是 SLE 的患者，要我立即住院施打抗生素，才能控制住，以免惡化。

再有一回，我在處理雞肉時，因被尖銳的雞骨頭刺傷，而感染了細菌，才經過一個晚上的時間，手指頭就腫得不成其形，我趕緊又上台中，周醫師醫囑「為了避免菌血症必須住院」，只因我的免疫能力跟別人不同。

類此情況，在那幾年，我經歷多次。至今，我依然每天要服用類固醇來穩定病情。每每想起，總覺無奈，也總自問：「我當年到底是怎麼渡過那艱辛的歲月啊！」

但我知道，雖然生病是身心俱疲的折磨，我卻不是最苦的，在這個社會上，還有很多不同的殘疾病症，每個人都有他不為人知的苦難。我總勉勵自己，一定要勇敢的面對病魔，打敗它，做一個雖然身體已經不健康，但卻是一個精神奕奕、鬥志昂揚的人。

自此以後，我知道必須好好照顧我自己，不要再讓獨自住院、施打抗生素的事情一再的發生。

「久病成良醫」。生病的前半段，我因醫學常識的缺乏，比較不知該如何照顧自己。後半段，拜電視醫學常識及多元健康節目的開播，我開始一點一滴的了解與吸收，或請外子幫忙電腦查找資料，慢慢的，

我採用了「食療」的方式，來改變自己的體質。

「藥食同源」。這方式確實改善了我的體質，也讓家人同時得到了健康。

曾經，很多朋友都問我一個問題：

「惠美，妳眼睛看不見，又如此不方便，為什麼妳一定要堅持自己做飯開伙，而且，菜都要洗得那麼樣的仔細，煮前還要經過汆燙？」

我回答他們說：

「因為在我身體裏面的毒素，大部分都是來自醫生處方箋藥物，是藥三分毒嘛！我吃了這麼多的藥品。如能減少攝入蔬菜的農藥，及肥料中的一些化學成份，對我的肝腎，肯定是能減少負擔的。我已經看不見，也只剩一條腿了，若我的肝再不好，又必須洗腎，那我還有明天嗎？所以，我寧可辛苦摸著做，去照顧我的家人，不給家人造成負擔。再者，做家事對我來說，就是一種『運動』啊！」

有時至醫院回診，外子會將他看到的畫面描述讓我知道：診療室外，有許多坐著輪椅的人，有的年紀不大，有的已年邁，有的身上還插著管子，其身旁會有些親友，他們有的想必是放下手邊的工作，有的是

向公司請假陪同來的。

　　是的，不分富貴貧窮，一個人如果沒有了健康，一切都將歸於零。也因一路的堅持，我真的看到成效了。許多不是我本科的醫生，很訝異我是一個已經有 35 年病史的 SLE 患者，都說我把自己照顧得很好，完全看不出來。現在，SLE 本科每三個月至半年的常規檢查，數據報告皆是顯示「正常」或「陰性」的。

　　的確，時至今日，生活環境已不同以往，大家所面對的，是人口老齡化的問題、是家庭少子化的問題，是普遍低薪的問題。年輕人從早忙到晚，甚或必須超時工作，三餐不是無法正常吃，就是隨便將就吃，想做到營養學家口中的「均衡飲食」，實在很難，或根本做不到。如果這時，家中又有長輩或親人生病了，住院了，那不管這個年輕人是單身或已成家，恐怕就會出現自顧與應接的不暇、疲於奔命及蠟燭多頭燒的現象了，而情況如果不樂觀，甚至可能長達數年或十數年之久。想來就覺得能不「居安思危」嗎？自忖，在老化的過程中，我可以免於被插管嗎？我可以讓家人免於勞累奔波嗎？尤其，外子也是同屬身心障礙的肢障者，我們又只有一個女兒。因此，我與外子

在 106 年透過「台灣安寧照顧協會」，簽署了一份「預立安寧緩和醫療暨維生醫療抉擇意願書」，也於 110 年全家人都簽署了病人自主權利法的「預立醫療決定書」。只盼望我們可以倖免。

　　我慶幸，在老化的過程中，有外子陪伴及從旁協助，假日女兒也會參與，讓我覺得，生命還是有意義的。總也在內心深處，當出現一些較負面的情緒時，因為他們，我才不感到無助。也由於這種轉念牽引著我，讓我感受到的，不是眼前的山窮水盡，而是只要一轉身，就會看到柳暗花明的美景。

　　是啊！一切都是最好的安排！